Erwin Fahrni

Herausgehen am Tage –
Umformungen

Erwin Fahrni

Herausgehen am Tage – Umformungen

© 2021 Erwin Fahrni

Umschlaggestaltung unter Verwendung eines Ausschnitts der Vignette zu Kapitel 125.
Lepsius Carl Richard (1842): Todtenbuch der Ägypter nach dem hieroglyphischen Papyrus in Turin. Leipzig (Georg Wigand).
https://doc.rero.ch/record/12378/files/y_1119_1.pdf

🐦 tredition®

Tredition GmbH, Halenreie 40-44, 22359 Hamburg

978-3-347-28271-1 (Paperback)
978-3-347-28272-8 (Hardcover)
978-3-347-28273-5 (e-Book)

Dio come son stanco
Mi sento proprio giù
Vorrei tirar le cuoia
e non pensarci più

Eppur ...

Diego Marcon, *Ludwig*, 2018

Cap. 1
Die ersten Schritte

Am Tag der Bestattung sagt der Schreiber zur Ewigkeit,
Drängend gedrängt:
«Stier des Westens, ich habe gekämpft,
Gegen die Feinde triumphierend, am Tage der Entscheidung.
Ich bin einer des Firmaments,
Ich habe gekämpft. Ich bin für den Namen eingetreten.
Ich bin es, der am Tage des Gerichts über die Feinde obsiegt.»
Am Ufer, weinend die Klagefrauen.
«Gerechtfertigt ist der Sieger gegenüber seinem Feind»,
So wird zum Schreiber gesprochen.
«Gerechtfertigt ist der Sieger gegenüber seinem Feind.»
Ich befand mich am Tag des Bekleidens bei ihm,
Die Gruft öffnend, den Sinn des Herzensmatten erfreuend.
Ich befand mich bei ihm, beim Beschützer der linken Schulter.
Ich gehe aus und ein in der Flammeninsel.
Vertrieben ist das Unwetter.
Ich befand mich bei ihm am Tag des Fests
Am sechsten Monatstag, am Mondviertelfest.
Ich bin ein Diener in meiner Pflicht,
Ich besteige die Handwerksleiter am Tag,
An dem die Barke auf den Schlitten gesetzt wird.
Ich empfange die Hacke am Tag des Erdhackens.
Die ihr die Vorzüglichen im Haus einführt,
Möget ihr mich mit euch zu ihm führen.
«Er möge sehen, wie ihr seht.»
«Er möge hören, wie ihr hört.»
«Er möge aufstehen, wie ihr aufsteht.»
Die ihr im Haus den Vorzüglichen Brot und Bier spendet,
Möget ihr mir mit euch jeden Tag Brot und Bier geben.
Die ihr den Vorzüglichen im Haus die Wege öffnet,
Die Pfade erschließt,
Öffnet mir die Wege,
Erschließt mir die Straßen mit euch.

Möge ich in Frieden ins Haus eintreten und herausgehen.
Keinen gebe es, der mich abweist.
Keinen gibt es, der mich abweist.
Gelobt trete ich ein.
Geliebt trete ich heraus.
Den Worten ist im Haus entsprochen.
Kein Fehl wird ermittelt,
Die Waage ist frei von meiner Last.

Cap. 2
Am Tag herausgehen und leben

Nach alter Weise sei mir verkündet:
Tritt am Tag heraus und lebe.
Einziger, der als Mond aufgeht, Einziger, der als Mond scheint,
Möge ich in der Vielzahl, der Menge, nach draußen treten.
Die im Lichtglanz lösen sich von mir!
Geöffnet ist das Tor.
Ich trete nach gezählten Tagen heraus,
Um unter den Lebenden zu tun, was ich vermag.
Macht und Leben sind mir verliehen.

Cap. 3
Nochmals – Am Tage herausgehen

Du, aus dem Urwasser auftauchend, ach,
Sprich zu den Vorfahren.
Dem werde stattgegeben.
Ich komme versorgt in ihre Mitte.
Ich lebe nach dem Sterben sonnengleich, jeden Tag.
Denn wer gestern gebar, der ist es, der mich geboren hat.
Jubelt, ihr alle!
Ich, aus dem großen Haus hervortretend.

Cap. 4
Vorbeigehen auf dem oberen Weg der Erde

Ich bin es,
Der die Flut abgegrenzt und Land und Wasser getrennt hat.
Ich bin gekommen,
Da mir, gerechtfertigt, Felder gegeben worden sind.

Cap. 5
Verhindern, dass gearbeitet wird

Ich bin es,
Der den Sohn der Müden richtet,
Der von den Eingeweiden des Pavians lebt.

Cap. 6
Veranlassen, dass Arbeit geleistet wird

Wenn ich,
Gerechtfertigt, zu einer Arbeit eingezogen werde,
Die meinem Zustand angemessen,
Sage ich: «Ich werde es tun, siehe, ich.»
Ich reihe mich ein,
Bepflanze zu gegebener Stunde die Felder,
Bewässere die Ufer
Und bringe Dünger nach Westen und nach Osten.

Cap. 7
An der Sandbank vorbeikommen

An der verrufenen Sandbank singe ich:
Du Wächserner, der zuschnappt, der von den Reglosen lebt,
Ich werde nicht deinetwegen reglos und ermattet sein.
Gift soll nicht in meine Glieder dringen.
Ich bin beschirmt.
Ich bin herausgetreten.
Ich bin ein Seiender,
Ich werde nicht verurteilt, ich bleibe unversehrt.

Cap. 8
Den Westen öffnen und herausgehen am Tage

Öffne dich, Stunde des Westens.
Schließe über mir das Tor.
Nimm mich heraus, herrlich ist der Schmuck.
Ich bin der Tätige.
Ich werde mich gegen niemand erheben.

Cap. 9
Öffnen I

Siehe, ich bin gekommen,
Möge ich die Welt erschließen, möge ich sie sehen!
Ich werde die Finsternis vertreiben,
Ich bin ein Geliebter.
Ich bin gekommen, um zu sehen!
Ich habe das Herz dessen verwundet, der so vieles angetan.
Alle Wege im Himmel und in der Erde stehen mir offen.
Ich bin der Sohn, der Geliebte.
Gebt mir den Weg frei,
Denn ich bin der, der emporsteigt.

Cap. 10
Hervorgehen am Tage gegen den Widersacher

Ich gehe gegen die Feinde vor.
Der Himmel ist aufgebrochen,
Die Erde geöffnet.
Ich habe, hinter dem Feind her, die Erde durchzogen.
Ich teile meinen Zauber mit Millionen.
Essend mit meinem Mund,
Mich entleerend,
Beherrschend,
Gebietend – bis zum heutigen Tag.

Cap. 11
Ausziehen gegen den Widersacher

Arm-Verschlingender, halte dich von meinem Weg fern.
Ich bin die Sonne.
Ich bin gegen meine Feinde ausgezogen,
Sie sind mir übergeben, niemand kann sie befreien.
Ich, Gekrönter, halte meinen Arm gereckt,
Die Beine gestreckt, erhaben mit dem Diadem.
Ich lasse nicht zu, dass einer der Widersacher entfleucht.
Ich stehe auf,
Ich setze mich.
Stark bin ich –
Machtvoll.
Ich schreite mit meinen Beinen,
Spreche mit meinem Mund.
Die Feinde sind in meiner Hand.

Cap. 12
Wiederum: Eintreten und wieder herausgehen

Ach,
Siehe, ich hüte die Geheimnisse,
Das Zepter, den Stab und die Waage.
Siehe, ich hacke die Erde,
Lasse mich, alt und schwach, kommen.

Cap. 13
Wieder eintreten nach dem Herausgehen

Als Falke bin ich eingetreten.
Als Phönix will ich herausgehen.
Morgenstern, bereite mir den Weg.
Möge mir die Sonne im schönen Westen leuchten.
Gebt mir den Weg frei.
Möge ich sein.

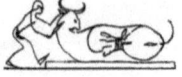

Cap. 14
Den Ärger vertreiben

Du dort, mit herabfahrender Wut,
Der über alle Geheimnisse gebietet.
Siehe, zu mir hat gesprochen,
Der ärgerlich über mich ist.
Beseitige das Unrecht.
Sei mir gnädig,
Verhindere den Schaden, den andere mir zufügen wollen.
Siehe, der Tisch ist bereitet,
Mögest du leben,
Vertreibe jeglichen Gedanken, der in dir gegen mich ist.

Cap. 15
An die aufgehende Sonne im östlichen Horizont

Sei gegrüßt, Sonne, aufsteigend aus dem Ozean.
Mögest du leuchten.
Sei gegrüßt Welten Erschaffender.
Mögest du dich im Westgebirge zu deiner Mutter gesellen,
Ihre Arme empfangen dich jeden Tag.
Die Torflügel des Horizontes stehen dir offen.
Dein Licht betritt die Erde, damit sie hell sei.
Welten Erschaffer.
Lass alle in der Erde ruhen.
Die Abendbarke vernichtet jeden, der dich angreift.
Die Morgenbarke segelt friedlich.
Sonne, freue dich.
Ich bin bei dir, um deine Scheibe zu schauen.
Ich habe das Land der Ewigkeit erreicht,
Mich mit dem Land der Unendlichkeit vereint.
Und du bist es, Sonne, die es erlaubt.

Cap. 16

– Ruhe in der Stille,
Sprich ohne Worte –

Cap. 17
Erhebungen und Verklärungen I

Gehend, verklärend, die Stufen hinabsteigend:
Ich bin der Urgrund.
Ich bin die Sonne bei ihrem Aufgang,
Am Beginn der Herrschaft über das, was erschaffen.
Die Sonne ist erschienen,
Die Selbstentstandene.
Hier ist das Wasser,
Das Urgewässer.
Ich bin das Gestern.
Ich kenne das Morgen.
Das Gestern, das Zerstörte.
Das Morgen, das ist der Tag, an dem die Zerstörer vernichtet.
Dies ist der Westen,
Alle steigen dorthin hinab.
Die Ewigkeit, das ist der Tag.
Die Unendlichkeit, das ist die Nacht.
Was ist denn das?
Das ist der Horizont,
Verjagt ist das Übel,
Beseitigt ist die Untat,
Entfernt ist alles Böse.
Ich gehe auf dem Weg, den ich kenne, zur Insel der
      Gerechtfertigten.
Seid gegrüßt.
Seht, ich komme zu euch.
Beseitigt auch mein Übel, mein Böses und meine Untat.
Als Falke werde ich auffliegen,
Und als Gans werde ich schnattern,
In der Ewigkeit.
Zurück, Löwe mit weißem Maul und gedrungenem Kopf.
Weiche vor meiner Kraft.
Wer sind sie alle?
Das ist der große Kater.

Das ist der Widder.
Das ist der Schakal.
Das ist der Süden.
Das ist die Lüge.
Das ist die Sonne selbst.
Das ist der Zerstörte.
Das ist die Bewacherin.
Ich bin ...
Ich bin ...
Ich bin ...
Ich bin ...

Cap. 18
Erhebungen und Verklärungen II

Der über die Feinde zum Siege führt,
Lass auch mich über die Feinde triumphieren
In Gegenwart des Tribunals,
Vor der Sonne und vor dem untergehend Kommenden,
In jener Nacht des Abendopfers, der Nacht des Kämpfens,
An jenem Tag, an dem alle Feinde vernichtet werden.
Der über die Feinde zum Siege führt,
Lass auch mich über die Feinde triumphieren
Im großen Tribunal,
In jener Nacht, in der die Pfeiler aufgerichtet werden.
Der über die Feinde zum Siege führt,
Lass auch mich über die Feinde triumphieren
In jener Nacht des Nachtmahls.
In jener Nacht, wachend verbracht,
Trauernd.
Der über die Feinde zum Siege führt,
Lass auch mich über die Feinde triumphieren
Im Gerichtshof, der am Berg der Toten tagt,
In jener Nacht der Abrechnung.
Der über die Feinde zum Siege führt,
Lass auch mich über die Feinde triumphieren
Im großen Tribunal, bei der Erdaufhackung.
In jener Nacht, als die Erde mit Blut gedüngt,
Die Feinde besiegt.
In jener Nacht des Verbergens.
In jener Nacht, die Arme umschlungen,
Das Herz vergnügt,
Das Herz froh,
Triumphierend über seine Feinde
In allen Tribunalen.

Cap. 19
Der Kranz des Triumphes I

Dir wird der Kranz um deine Stirn geknüpft:
Lebe, Liebling,
Leben sollst du ewig.
Ewig.
Deine Feinde sind vernichtet.
Dir werden siegreich die beiden Länder übergeben.
Unter viermaligem Jubel:
Alle Feinde sind gestürzt, niedergeworfen und zerstückelt.
Ich hab den Jubel viermal wiederholt:
Alle Feinde sind gestürzt, niedergeworfen und zerstückelt.

Cap. 20
Der Kranz des Triumphes II

Der gegen seine Feinde triumphieren lässt,
Möge er meine Feinde vor das Tribunal führen
In jener Nacht des Kampfes, wenn die Gegner zu Fall gebracht.
Vor das Tribunal in jener Nacht, in der die Pfeiler aufgerichtet.
Vor das Tribunal in jener Nacht des letzten Mahls.
Vor das Tribunal in jener Nacht, in der das Erbe übernommen.
Vor das Tribunal in jener Nacht der Totenklage.
Vor das Tribunal in jener Nacht, in der Verklärte geschieden.
Vor das Tribunal in jener Nacht der Abrechnung.
Vor das Tribunal in jener Nacht der Erdaufhackung.
In jener Nacht, erfreut, froh gestimmt,
Möge ich triumphieren über die Feinde
Vor dem Tribunal.

Cap. 21
Den Mund zurückgeben I

Licht, sei gegrüßt,
Beherrschend die Finsternis.
Ich bin zu dir gekommen, verklärt und rein.
Meine Arme umschließen dich.
Du gibst mir meinen Mund zurück, damit ich sprechen möge.
Du leitest mein Herz in seiner bösen Stunde, der Nacht.

Cap. 22
Den Mund zurückgeben II

Ich bin aufgegangen aus dem Ei, im geheimen Land.
Mir ist der Mund zurückgegeben,
Möge ich damit sprechen.
Nicht werde ich abgewiesen im Tribunal,
Nachdem ich das Feuer meiner Wünsche gelöscht.

Cap. 23
Den Mund öffnen

Es kommt, wer mit Zauber ausgestattet.
Gelöst sind die Glieder.
Die Hände sind mir zurückgegeben.
Mein Mund ist mir geöffnet.
Im westlichen Himmel thronend,
Ich bin der große Jäger.
Alle Reden gegen mich:
Davor bin ich geschützt.

Cap. 24
Den Zauber holen

Ich von selbst entstanden, ich,
Der auf dem Schoß seiner Mutter sitzt,
Der die Schakale denen gibt, die im Urgewässer sind,
Die Hunde denen, die im Gerichtshof sind.
Ich habe mir den Zauber genommen,
Aus jedem Ort, wo es ihn gibt,
Von jedem Mann, bei dem er sich findet,
Flüchtiger als ein Windhund, geschwinder als der Schatten.
Du, der die Sonnenbarke holt, dein Tau sei fest.
Deine Fähre führe zur Flammeninsel.
Ich habe mir jenen Zauber genommen
Aus jedem Ort, wo es ihn gibt,
Von jedem Mann, bei dem er sich findet,
Flüchtiger als ein Windhund, geschwinder als der Schatten.
Du Schaffender und ihr Schweigenden,
Ihr lasst den Reiher schreien.
Ich habe mir jenen Zauber genommen
Aus jedem Ort, wo es ihn gibt,
Von jedem Mann, bei dem er sich findet,
Flüchtiger als ein Windhund, geschwinder als der Schatten.

Cap. 25
Sich seines Namens erinnern

Meinen Namen habe ich eingetragen.
Meines Namens wird gedacht
In jener Nacht der Zählung der Jahre und Monate.
Ich bin jener Bewohner,
Der sich auf der östlichen Seite des Himmels niederlässt.
Der Name aller, die sich nicht schützend hinter mich stellen,
Soll von mir genannt werden.

Cap. 26
Das Herz zurückgeben

Mein Herz gehört mir im Hause der Herzen.
Im Hause der Herzen gehört mir mein Herz.
Mir gehört mein Herz.
Es ruht in mir.
Nicht esse ich die Brote
Auf der östlichen Seite.
Eine Barke fährt stromab, stromauf eine andere.
Nicht steige ich in das Schiff,
In dem du bist.
Mir gehört mein Mund, um zu sprechen,
Meine Beine, um zu gehen,
Meine Arme, um meine Feinde niederzuwerfen.
Offen sind die Himmelspforten.
Aufgetan werden meine Glieder,
Geöffnet meine Augen,
Gestreckt meine Füße,
Gefestigt meine Knie.
Ich schreite aus.
Offen sind die Himmelspforten.
Ausgeführt werden meine Befehle.
Macht habe ich über mein Herz.
Macht habe ich durch mein Herz.
Macht habe ich über meine Arme.
Macht habe ich über meine Füße.
Macht habe ich über meine schützende Lebenskraft.
Nicht eingesperrt werden, vor den Toren des Westens,
Mein Körper und meine Lebenskraft.

Cap. 27
Verhindern, dass das Herz fortgenommen wird I

Die ihr Herzen raubt und Herzen verwundet,
Die ihr ein Herz zu dem Wesen formt, was es tut,
Und das Geformte kennt durch euch sein Herz nicht!
Seid gegrüßt, Ewigkeit und Unendlichkeit.
Raubt mir nicht mein Herz durch eure Rede,
In diesem Jahr und diesem Mond.
Raubt nicht dieses Herz.
Nicht soll mein Herz Anklagen gegen mich verursachen,
Mich, der einen erhabenen Namen hat,
Mich, der durch seine Glieder Erhabenes spricht.
Das Herz gehört mir, ich habe Macht darüber.
Nicht soll es sagen, was ich getan habe.
Macht habe ich über meine Glieder.
Komm zu mir, mein Herz.
Ich bin dein Herr.
Du bist in meinem Leib.
Du sollst dich mir nicht widersetzen.
Ich befehle und du gehorchst.

Cap. 28
Verhindern, dass das Herz fortgenommen wird II

Ich bin die Wurzel.
Ich bin die Blüte.
Die Schlachtbank ist mein Abscheu.
Mein Herz soll mir nicht geraubt werden.
Es beweint sich selbst.
Es möge sich beruhigen.
Was jemand sich von mir erbat, habe ich gegeben.
Mein Herz soll mir nicht geraubt werden –
Es wurde mir gegeben.
Ein verhülltes Bein bewache es.
Ein verhülltes Bein –
Ein verhülltes Bein wurde gefunden und begraben.

Cap. 29
Verhindern, dass das Herz eines Menschen geraubt wird

Zurück, du Bote, kehr um.
Bist du gekommen, um dieses Herz zu rauben?
Dieses Herz soll dir nicht gegeben werden.
Die dich schickend, hörend, fallen auf ihr Gesicht,
Und werden in ihrem Land in die Irre geleitet.
Mein Herz ist mit mir.
Es soll nicht geschädigt werden.
Ich bin im Leib meiner Mutter und meines Vaters.
Ich bin der Vogel, schützend und frei fliegend.

Cap. 30
Dass das Herz sich nicht widersetzt

Mein Herz meiner Mutter, mein Herz meiner Mutter!
Mein Herz meines Seins auf Erden,
Stehe nicht auf gegen mich als Zeuge.
Tritt mir nicht entgegen vor dem Gericht.
Handle nicht gegen mich.
Sei gegrüßt mein Herz, sei gegrüßt mein Herz!
Sinne nicht auf Lüge gegen mich.
Siehe, du wirst erhoben werden.

Cap. 31
Das Krokodil vertreiben, das herankommt

Zurück. Weiche. Zurück, Krokodil!
Greife mich nicht an,
Denn durch meinen Zauber bin ich wissend –
Ich verrate deinen Namen.
‹Bote› ist der eine Name, der andere ‹Der vom Weizen›.
Der Himmel hat seine Stunden umschlossen,
Und mein Mund hat den Zauber, der in ihm ist, umschlossen.
Meine Zähne sind wie Feuerstein,
Mein Gebiss voll Schlangengift.
Du, auf der Wirbelsäule sitzend,
Die Augen gegen meinen Zauber gerichtet,
Du raubst mir ihn nicht,
Du, lebend von meinem Zauber!

Cap. 32
Die vier Krokodile vertreiben, die herankommen

Er steht auf seinen Füßen, erhöht,
Der Sohn, der zu seinem Vater spricht,
Mögest du ihn vor den vier Krokodilen retten,
Welche die Toten fressen und von Zaubern leben.
«Ich bin es, der vor ihnen seinen Vater rettet.
Zurück, Krokodil des Westens, das von den Sternen lebt –
Dein Abscheu ist in meinem Leib,
Ich habe den Hals verschlungen.
Ein Totschläger bin ich.
Zurück, Krokodil des Ostens, das vom Blut lebt –
Dein Abscheu ist in meinem Leib.
Ich bin es.
Zurück, Krokodil des Südens, das von Kot und Rauch lebt –
Dein Abscheu ist in meinem Leib.
Keine Flamme ist in mir.
Ich bin es.
Zurück, Krokodil des Nordens, das von der Finsternis lebt –
Dein Abscheu ist in meinem Leib.
Dein Gift ist meinem Kopf.
Ich bin es.»

Cap. 33
Die Schlange vertreiben

Schlange, gehe weg.
Siehe, die Erde und die Luft haben sich gegen dich erhoben.
Du hast eine Maus gefressen.
Du hast an den Knochen einer verwesten Katze genagt.

Cap. 34
Verhindern, dass jemand von einer Schlange gebissen wird

Ich bin die Flamme, die am Scheitel von Millionen leuchtet.
Sei fern von mir.
Ich bin ein Panther.

Cap. 35
Verhindern, dass jemand von einer Schlange gefressen wird

«Oh», sagt einer, der das Kopftuch trägt.
«Gibt es jemand, der mich fressen will?»
Du, der zerstören willst, was mich beschützt,
Geh an mir vorbei.
Diese Halme sind es, die mich bewachen.
Sie sind das Kraut, dessen es beim Begräbnis bedarf.
Die Augen des Großen sind gefallen,
Dir gehört sein Hörnerpaar.

Cap. 36
Einen Käfer abwehren

Halte dich fern von mir.
Meine Lippen sind ehern,
Der Herr des Erdkreises bin ich,
Der die Worte überbringt.
Eine Botschaft ist stets bei mir.

Cap. 37
Die beiden Schlangen vertreiben

Seid gegrüßt, ihr beiden Frauen, ihr zwei Schlangen.
Ich habe durch meinen Zauber euch getrennt.
Ich bin es, der in der Abendbarke erscheint.
Ich bin es.
Nun komme ich, um den Vater zu sehen.

Cap. 38
Von Luft leben

Ich bin der älteste Sohn der Sonne,
Ich bin hervorgegangen aus dem Urgewässer.
Ich stehe auf dem Deck der Barke der Sonne.
Ich erteile den Verklärten die Befehle.
Ich melde die Rede dem Engkehligen.
Ich öffne meinen Mund.
Ich esse vom Leben.
Ich lebe von Luft.
Mögen die Väter sich am Abend um mich kümmern.
Möge mein Leben sich erneuern, jeden Tag.

Cap. 39
Die Schlangen vertreiben

Zurück, strauchle, weiche!
Schwimme zu den Gewässern, wo dein Vater befohlen hat,
– Dich zu zerstückeln.
Halte dich fern von der Geburtsstätte,
Vor der du zitterst.
Ich bin es, vor dem du zitterst.
Zurück.
Das Licht der Sonne ist schneidend.
Es hat dich zu Fall gebracht.
Dein Hals ist umgedreht worden.
Dein Herz herausgerissen,
Fesseln sind um dich geworfen,
Wunden dir zugefügt.
Falle, strauchle, gleite fort!
Du, der den östlichen Rand des Himmels verlässt
Auf die Stimme des rollenden Donners –
Öffne die Tore des Horizontes,
Dass er hervorgehe, matt von Wunden.
«Ich erfülle deinen Wunsch! Ich erfülle deinen Wunsch!»
«Ich führe ihn vollkommen aus, vollkommen aus!»
«Ich handle im Frieden, im Frieden!»
«Ich löse deine Fesseln, deine Fesseln!»
Dein Gegner ist gefallen.
Die Fesseln sind um ihn.
Er ist gefällt.
«Sei ruhig, sei ruhig.»
«Gehe hin in Frieden, in Frieden!»
Er ist gefallen.
Die Fesseln um ihn.
Du kannst dich nicht mehr aufrichten.
Wende dein Gesicht ab.
Schaue nach hinten,
Mit zerschnittenem Gesicht und verstümmeltem Kopf.

Der Weg ist geöffnet.
Dein Kopf ist abgetrennt, du in der Erde.
Deine Knochen zerbrochen, dein Glied abgeschlagen.
Er ist gerichtet, der Finstere, der Feind.
Verdammt.
«Der Kreis um dich ist machtvoll, wohlgeordnet.»
«Deine Habe dort – bringe sie,
Bringe sie in das Haus.»
Kein Unheil entspringt deinem Mund gegen mich,
Der Sturm und das Gewitter besänftigt.
Möge ich herausgehen!
Möge ich den Weg finden!
Möge ich Beute machen!

Cap. 40
Den Eselverschlinger vertreiben

Zurück, du, Hurenbock.
Friss mich nicht,
Denn ich bin rein.
Wer aber bin ich?
Der selbst kommt, ohne gerufen zu werden.
Du wirst mich nicht angreifen.
Ich bin der Herr deines Mauls.
Zurück, kahler Alter.
Ich vertreibe dich, wenn du nahe bist,
Ich treibe dich zurück durch den Hauch meines Mundes.
Verschlinger des Unrechts, der gewaltsam ergreift.
Auf der Liste der Untaten ist kein Unrecht von mir vermerkt.
Keine Anklage gegen mich ist vor dem Totengericht erhoben.
Packe mich nicht.
Friss mich nicht.

Cap. 41
Den Schaden abwehren, der zugefügt wird

Urgrund der Wesen und Dinge,
Lass das Tor mir öffnen.
Lass die Erde mich küssen.
Führe zum westlichen Ufer mich.
Ich esse und lebe von Atemluft.
Möge ich eintreten, herausgehen, sehen und mich erheben.
Ich lebe und bin gerettet nach dem Schlaf des Todes.
Ich sage meine Worte.

Cap. 42
Weiteren Schaden abwehren

Die Erde gehört zum Holz,
Die weiße Krone zum Standbild,
Die Tragstange zum Ruderfest.
Ich bin das Kind.
Ich bin das Kind.
Das Kind bin ich.
Das Kind bin ich.
Kalb des Großen, dir sei heute gesagt:
«Rüste die Richtstätte aus, die du kennst.»
Du bist zu dir gekommen.
Ich bin die Sonne.
Ich bin das Rückgrat in der Tamariske.
Schöner ist das Heute als das Gestern.
Schöner ist das Heute als das Gestern.
Als das Gestern ist schöner das Heute.
Als das Gestern ist schöner das Heute.
Ich bin die Sonne.
Ich bin das Rückgrat in der Tamariske.
Wie ich heil bin, ist dieser Tag heil.
Mein Haar,
Mein Gesicht,
Meine Augen,
Meine Nase,
Meine Lippen,
Meine Zähne,
Mein Nacken,
Meine Arme,
Meine Brust,
Mein Rücken,
Mein Fleisch,
Mein Leib,
Meine Schenkel,
Meine Füße

Meine Finger,
Meine Zehen:
Kein Glied an mir ist ohne Urwesen.
Die Sonne bin ich an jedem Tag.
Ich werde nicht an meinen Armen gepackt,
Ich werde nicht an meinen Händen ergriffen.
Alle, Selige und Verdammte, können mich nicht schädigen.
Ich gehe heil heraus, mein Name ist nicht bekannt.
Ich bin das Gestern:
‹Der Millionen Jahre gesehen hat› ist mein Name.
Ziehe dahin, ziehe dahin auf den Wegen der Abrechnung.
Ich bin der Herr der Ewigkeit –
Als vollständig befunden.
Ich bin der Herr der Krone.
Ich bin das Auge.
Ich bin das Ei,
Mit ihm ist mir Leben gegeben.
Ich bin im gesunden Auge,
In seinem Schutz.
Ich bin herausgegangen und bin aufgegangen,
Ich bin eingetreten – ich lebe.
Ich bin im gesunden Auge.
Mein Platz ist mein Thron,
Der mir zugewiesen, damit ich herrsche.
Der Mund, der geredet hat, schweigt.
Der in Ordnung war, kopfüber seine Gestalt.
Gerechtfertigt, dauerhaft,
Der jederzeit hat, was er braucht,
Jedes einzelne, wenn er umherzieht.
Ich bin im gesunden Auge,
Nichts kann mir zustoßen.
Übel und Gewalt gegen mich gibt es nicht.
Ich öffne das Tor im Himmel.
Ich sitze auf dem Thron.
Kein Kind betritt den Pfad des Gestern,
Mir gehört der heutige Tag.
Mensch für Mensch – ich schütze die Millionen,

Ob Himmlische, Irdische,
Südliche, Nördliche, Östliche oder Westliche –
Die Furcht vor mir ist in eurem Leib.
Ich forme mit vergoldetem Auge,
Ich sterbe nicht nochmals.
Meine Kraft ist in euren Leibern,
Meine Gestalt ist in mir.
Unbekannt bin ich.
Deren Gesicht blutig ist, sind nicht gegen mich.
Wo ist der Himmel? Wo die Erde?
Der Schlangenbrut Kinder werden sich nicht vereinen.
Wirksam die Sprache, wenn ich zu ihnen spreche.
Ich bin der Leuchtende,
Der Mauer um Mauer,
Eine um die andere, erleuchtet.
Kein Tag ohne Pflicht.
Dahingeht, was dahingeht; dahingeht, was dahingeht.
Ich bin der Schössling, der aus dem Urgewässer hervorgegangen.
Das Firmament ist meine Mutter, die mich geschaffen.
Ich bin der Unbetretene, der Befehlshaber im Gestern,
Die Urkunde ist in meiner Hand.
Niemand mich kennt oder wird mich kennen.
Niemand mich packt oder wird mich packen.
Ich herrsche auf meinem Thron.
Diese Zeit geht vorüber.
Der Weg ist mir geöffnet.
Von allem Übel bin ich befreit.
Ich bin der goldene Affe von drei Ellen und drei Fingerbreiten,
Der ohne Hände und Füße gebietet.
Bin ich heil, ist der Affe heil.

Cap. 43
Verhindern, dass der Kopf abgeschnitten wird

Ich bin der Große, der Sohn des Großen,
Der Flammende, der Sohn des Flammenden.
Der Kopf wird ihm nicht weggenommen werden.
Der Kopf wird mir nicht weggenommen werden.
Ich bin erhoben, erneuert und verjüngt.
Ich bin der Herr der Ewigkeit.

Cap. 44
Nicht noch einmal sterben

Geöffnet ist die Höhle, Licht fällt in der Finsternis.
Das Auge hat mich beschirmt, ich wurde genährt.
Geborgen bin ich unter euch, ihr Sterne.
Mein Blick ist geöffnet.
Mein Herz ist an seinem Platz.
Ich kenne meinen Spruch.
Ich schütze mich selbst,
Weder umgestürzt bin ich noch beraubt worden.
Lebe doch,
Ich darf das Geheimnis erblicken.
Ich bin als König erschienen –
Ich sterbe nicht noch einmal.

Cap. 45
Nicht verwesen

Müde ist der Müde
Müde sind die Glieder.
Nicht ist er verwest,
Nicht ist er entronnen,
Nicht hat er sich davongemacht.
Möget ihr Gleiches tun.

Cap. 46
Nicht vergehen, sondern lebendig sein

Kindlich Kindliche.
Das Tor, mit Fenster versehn –
Ich eile, komme.

Cap. 47
Verhindern, dass der Sitz und der Thron geraubt werden

Mein Sitz, mein Thron!
Ich bin euer Herr.
Kommt zu mir und dient mir!
Kommt als mein Gefolge.
Ich bin der Sohn eures Herrn.
Ihr gehört zu mir!
Mein Vater ist es, der euch erschaffen hat.

Cap. 48 (Variante zu Cap. 10)
Hervorgehen am Tage gegen seinen Widersacher

Ich rücke gegen die Feinde vor.
Der Himmel ist aufgebrochen,
Die Erde geöffnet.
Ich habe, hinter den Feinden her, die Erde durchzogen.
Ich teile meinen Zauber mit Millionen.
Essend mit meinem Mund,
Mich entleerend.
Beherrschend –
Gebietend – bis zum heutigen Tag.

Cap. 49 (Variante zu Cap. 11)
Ausziehen gegen den Widersacher

Arm-Verschlingender, halte dich von meinem Weg fern.
Ich bin gegen meine Feinde ausgezogen,
Sie sind mir übergeben, niemand kann sie befreien.
Ich, Gekrönter, halte meinen Arm gereckt,
Die Beine gestreckt, erhaben mit dem Diadem.
Ich lasse nicht zu, dass einer der Widersacher entfleucht.
Ich schreite mit meinen Beinen,
Spreche mit meinem Mund.
Die Feinde sind in meiner Hand.

Cap. 50
Nicht in die Richtstätte eintreten

Ein Knoten wurde um mich geknüpft vom Wächter des Himmels,
Am Tag, da ich auf beiden Beinen ermattet war,
An jenem Tag, an dem die Locke abgeschnitten wurde.
Ein Knoten wurde um mich geknüpft,
Da er noch in seiner Kraft und noch kein Streit entstanden war.
Möget ihr mich vor dem bewahren, der meinen Vater erschlug.
Ich bin es, der von den beiden Ländern Besitz ergriffen hat.
Ein Knoten wurde um mich geknüpft,
Bei der Schöpfung, als die Bilder noch nicht geformt waren.
Wer bin ich? Ich bin der Seiende, der Erbe.

Cap. 51
Nicht kopfüber gehen

Abscheu, mein Abscheu!
Ich werde meinen Abscheu nicht essen.
Mein Abscheu ist Kot. Ich werde ihn nicht essen.
Und der Unrat – ich werde durch ihn nicht geschädigt.
Mit meinen Händen berühre ich ihn nicht.
Mit meinen Sohlen trete ich darauf nicht.

Cap. 52
Nicht Kot essen

Abscheu, mein Abscheu!
Ich werde meinen Abscheu nicht essen.
Mein Abscheu ist Kot. Ich werde ihn nicht essen.
Und der Unrat – in meinen Leib soll er nicht fallen.
Mit meinen Händen berühre ich ihn nicht.
Mit meinen Sohlen trete ich nicht auf ihn.
«Wovon willst du denn leben
In diesem Ort, zu dem du gebracht worden?»
Ich lebe von den sieben Broten.
«Wo ist dir erlaubt zu essen?»
Ich esse unter der Sykomore
Und den Rest gebe ich den Tänzerinnen.
Meine Äcker sind mir zugeteilt, auch das Gewächs.
Ich lebe von Brot aus weißem Zweikorn,
Mein Bier aus roter Gerste gebraut.
Meines Vaters und meiner Mutter Bedienstete sind mir zugeteilt.
Türhüter, öffne mir weit den Weg!
Ich will mich an den Ort setzen, wo ich sein will.

Cap. 53
Keinen Kot essen und keinen Urin trinken

Ich bin der Stier, spitz die Hörner, den Himmel lenkend,
Der Erleuchtete,
Der aus der Flamme emporsteigt,
Der die Jahre zusammenbindet.
Mir ist der Gang des Lichts anvertraut.
Abscheu, mein Abscheu!
Ich will keinen Kot essen und keinen Urin trinken.
Ich gehe aufrecht, nicht kopfüber stehend.
Ich bin der Herr der Brote,
Himmlisch mein Brot,
Irdisch mein Brot.
Die Barke bringt es mir, morgens und abends.
Mich gesellend zu denen, die den Himmel durchqueren,
Esse ich von dem, wovon sie essen,
Lebe ich von dem, wovon sie leben.
Ich esse das Brot des Himmels und der Erde.
Mein Abscheu ist Kot,
Ich werde ihn nicht essen.

Cap. 54
Mir Luft geben

Erfrischender Atem werde mir gegeben!
Ich bin das Ei des großen Schnatterers,
Des Schützers, der sich von der Erde losgelöst.
Lebe ich, lebt er.
Wenn ich jung werde, wird er jung.
Wenn ich Luft einatme, atmet er Luft.
Ich habe den Zusammengefügten auseinandergetrennt,
Ich bin um das Ei herumgegangen,
Geschwängert von himmlischer Kraft und zerstörerischer Gewalt.
Du unter den Genährten, du unter den Lapislazulifarbenen –
Hütet euch vor dem im Nest, dem Kind,
Wenn es gegen euch auszieht.

Cap. 55
Nochmals – Mir Luft geben

Ich bin der Schakal der Schakale.
Ich ziehe Luft herbei – gegenwärtig der Glänzende –
Bis ans Ende des Himmels, bis ans Ende der Erde,
Bis ans Ende des fliegenden Vogels.
Ich habe Luft gespendet.
Mein Mund ist geöffnet.
Meine Augen können sehen.

Cap. 56
Luft atmen im Wasser

Werde mir erfrischender Atem aus der göttlichen Nase gegeben.
Ich umfange den Ort,
Bewache das Ei des großen Schnatterers.
Lebe ich, lebt es.
Atme ich, so atmet es Luft.
Lebt es, lebe ich.
Atmet es, so atme ich Luft.

Cap. 57
Luft atmen und über Wasser verfügen I

Möge ich über Wasser verfügen, Himmel.
Möge ich geführt werden.
Mein Mund und meine Nase sind geöffnet.
Möge ich in meinem Haus ruhen.
Wenn der Himmel mit Nordwind kommt,
Setze ich mich nach Süden.
Wenn der Himmel mit Südwind kommt,
Setze ich mich nach Norden.
Wenn der Himmel mit Westwind kommt,
Setze ich mich nach Osten.
Wenn der Himmel mit Ostwind kommt,
Setze ich mich nach Westen.
Ich ziehe meine Nase kraus und
Öffne sie gegen den Ort, an dem ich wohnen will.

Cap. 58
Atmen und über Wasser verfügen

Öffne mir!
«Wer bist du?» «Was bist du?» Ich bin einer von euch.
«Wer ist mir dir?» Es sind die beiden Schlangen.
«Wohin willst du gehen?» Zu dem, der die Milchstraße berührt.
Er lässt mich fahren zum Haus dessen, der Gesichter erkennt.
‹Sammler› ist sein Name, der Name des Fährmanns.
‹Haarkämmende› ist der Name der Ruder.
‹Stachel› ist der Name der Schöpfkelle.
‹Geprüft und für richtig befunden› ist der Name des Steuerruders.
Möge mir gegeben ein Krug mit Milch,
Ein Kuchen, ein Brotlaib und Bier.
Wer diese Worte spricht, tritt nach dem Herausgehen wieder ein.

Cap. 59
Luft atmen und über Wasser verfügen II

Feige des Maulbeerbaums,
Gib mir doch Wasser und Luft,
Die in dir sind.
Ich bin es, der jenen großen Platz aufgesucht hat,
Ich habe das Ei des großen Schnatterers gehütet.
Ist es fest, bin ich auch fest.
Lebt es, lebe ich.
Atmet es Luft, atme ich Luft.

Cap. 60
Über Wasser verfügen

Geöffnet sind mir die Türen des Himmels.
Geöffnet sind mir die Türen des Firmaments.
Möge ich über Wasser verfügen,
Wie der Räuber über seine Gegner verfügt,
An jenem Tag des Aufruhrs.
Die Großen bringen mir die Kostbarkeit,
Die im Winkel lag,
Wie sie jenen Verklärten geleitet haben.
Mir bringen die Großen die Kostbarkeit.

Cap. 61
Verhindern, beraubt zu werden

Ich bin es, ich.
Ich bin es, aus der Überschwemmung hervorgegangen,
Dem die Wasserfülle gegeben ist,
Damit er darüber verfüge.

Cap. 62
Wasser trinken

Geöffnet ist das große Wasser,
Aufgetan das Himmelsmeer, das Firmament.
Möge ich über Wasser verfügen.
Ich bin der Himmelsfahrer.
Ich bin der Löwe.
Ein Wildtier bin ich.
Die Keule habe ich verzehrt, das Rippenstück verspeist.
Durcheilt die Gewässer des Binsengefildes.
Grenzenlose Zeit ist mir verliehen.
Der Ewigkeit Erbe bin ich, dem Unendlichkeit verliehen.

Cap. 63A
Wasser trinken und nicht im Feuer gedörrt werden

Stier des Westens, hole mich zu dir.
Ich bin das Ruder, mit dem die Greise rudern.
Ich werde nicht ausgedörrt,
Ich kann nicht versengt werden.
Ich bin der Erbe, der die Herzensmatten enthüllt.
Dauerhaft ist mein Name.
Verhindert habe ich, dass andere von mir leben.

Cap. 63B
Nicht im Wasser verbrannt werden

Ich bin das wohlversehene Ruder,
Mit dem die Greise gerudert werden.
Der Ausfluss ist geschlossen am See der Verbrannten,
Die schifflos sind,
Gedörrt und nicht mehr seiend.
Ich bin aufgestiegen auf den Sonnenstrahlen.

Cap. 64
*Die Worte des Herausgehens am Tage in einem einzigen Wort
kennen*

Ich bin das Gestern.
Ich kenne das Morgen.
Der Himmel ist schwanger.
Er wird ein neues Mal gebären.
Ihr beiden Falken, die den Tribunalen vorsitzen,
Die als Zuständige verhören:
«Der Vorderschenkel ist an den Nacken gefügt,
Das Hinterteil an den Kopf des Westens.»
Westlicher, gib mir die Körperglieder, aus denen ich bestehe!
Großer der Großen, tu mir nichts an!
Ich werde weinen über das, was ich gesehen.
Ich kenne dich, Tiefe, deinem Namen entsprechend.
Das sind vier Millionen,
Vierhunderttausend und tausendzweihundert darüber hinaus,
Mehr als dreißig Ellen beim Vorübergehen,
Vereint aus dem, was jeder einzelne gibt.
Tritt ein in den unteren Himmel, zu dem die Ältesten rufen.
Jubelnd die Vorfahren.
Die Wege mögen angenehm sein,
Die Pfade weit.
Möge ich die Erde wie den Himmel durchlaufen,
Das Licht über mir.
Sollte ich ankommen, werde ich sagen,
Und die Ohren mögen hören:
Es liegt kein Fehler meiner Mutter gegen mich vor.
Möge ich gerettet, möge ich geschützt werden
Vor dem, der sein Auge am Abend schließt,
So dass alles in tiefer Nacht dahinschwindet.
Ich bin die Fülle, ‹großer Schwarzer› ist mein Name,
Überschwemmt ist mein Rücken, der den Innenraum verhüllt.
Jener Älteste dort, der keine Insel hat –
Rufe doch die mit Locken Geschmückten

In der Stunde der Prozession.
Sage dem, der über seiner Flut ist:
«Siehe, der Vorderschenkel ist an den Nacken gebunden,
Das Hinterteil an den Kopf des Westens.»
Gib mir das, worin ich bin,
Tu mir nichts an.
Ich weine über das, was ich gesehen,
Und fahre dahin mit dem Zerstückelten.
Die Riegel sind zurückgeschlagen, die Portale geöffnet.
Dein Arm in deinem Inneren,
Dein Gesicht ist das eines Jagdhundes,
Dessen Nase den Schrein wittert.
Meine Füße treiben mich vorwärts,
In Bewegung ohne Ende.
Die beiden Ammen sind bei mir, so bin ich wohlbehalten.
Ich bin es, der durch einen Türspalt herausgekommen ist.
Ich empfange das, was mein Wunsch bewirkt hat.
Als Herr des Lebens bin ich erschienen.
Blut kühlt Wunden, erfrischt das Sterben.
Ich habe die Feinde getrennt durch das, was mir aufgetragen.
Geheime Wesen, wehrt mich nicht ab.
Schlangen auf euren Bäuchen,
Ich bin mit einer Botschaft gekommen,
Damit das Auge die Tränen nicht verschlingt.
Ich bin mit verwirrtem Haar vom Hause dessen,
Der in seinem Hügel ist.
Mein Herz sei dann im Westen erfreut,
Es leuchte der Glanz.
Möge ich als Losgelöster aus der Höhle aufgehen.
Möge ich den Himmel oben durchziehen.
Möge ich über das Firmament laufen
Möge ich den Sonnenglanz im Leuchten der Augen erschauen.
Möge ich zu den Strahlen fliegen.
Brüllender, Schreiender,
Der du die Schatten der Verklärten in die Erde vertreibst,
Gib mir einen guten Weg zu den Toren der Gepriesenen.
Du hilfst dem, der dort ist, dem Todesmatten,

Um den, der voll Eiter ist, wieder ganz zu machen.
Wer ist der Verschlingende im Westen?
Ich bin es, der gebietet,
Der eintritt in seinem Namen
Und hervorgeht als der Sucher,
Herr der Millionen der Erde, der seinen Namen schafft.
Die Schwangere legt ihre Last ab,
Hat geboren auf den Armen des Umgewendeten.
Versperrt ist die Tür durch eine Mauer,
Umgestürzt ist jenes Unheil und auf den Rücken gefallen.
Ich bin nicht ausgespien und doch ein Löwe geworden.
Das Opfer ist bei mir, grüner Jaspis bin ich.
Wie schön ist die Bestattung zu sehen
Am Tag des Herzensmatten, wenn er niedergesetzt wird.
Ich bin das Hervorgehen am Tage,
Der Herr des Lebens in seiner Gegenwart.
Siehe, dein Schutz bleibt allezeit.
Die Sykomore hat mich umarmt,
Die Sykomore hat sich mit mir vereint,
Die beiden Schlangen haben mir die Welt geöffnet.
Ich komme,
Ich geselle mich zu dem Wind, wenn er aufkommt.
Meine Arme sind rein, wenn sie ihn preisen.
Ich bin zusammengefügt, bin zusammengefügt.
Ich fliege auf und ich schwebe wieder nieder zur Erde.
Mein Auge eilt dort dahin mit meinen Schritten.
Ich bin es, den das Gestern geboren.
Möge ich gelöst werden zu meiner Zeit.
Ich bin der, den der Kämpfer versteckt hat.
Gelöst ist die Freude.
Mein Fleisch ist fest, meine Zauberkraft schützt meine Glieder.
Der Reiher lässt sich nieder auf meinen Rat –
Es ist gehört worden, was ich sage.

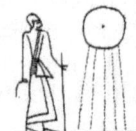

Cap. 65
Herausgehen am Tage und Macht haben über den Feind

Schlepp mich nicht weg als Beute,
Nie habe ich deiner Bande, den Schlächtern, angehört.
Lass mich auf dem Thron sitzen,
Dass ich meinen Leib von der Erde hebe,
Dass das Licht triumphiere über dem Dunkel,
Wächter, Krokodilgestaltiger,
Dessen Netze die Ewigkeit und dessen Fallen die Unendlichkeit.
Ich habe die Sau gesehen, in Fesseln gelegt,
Die Unwahrheit unter Bewachung gestellt.
Doch die Sau ist wieder losgelöst, befreit ist die Unwahrheit,
Grausamer, der mir das antut –
Mögest du mich die Sonne schauen lassen,
Mögest du mich gegen meinen Feind ausziehen lassen.
Mögest du mich triumphieren lassen im Tribunal.
Wenn ich nicht gegen meinen Feind ausziehe
Und nicht im Gerichtshof triumphiere,
Dann soll der Fluss zum Himmel steigen,
Dann soll die Sonne in das Wasser hinabsteigen –
Fortan von den Fischen lebend.

Cap. 66
Am Tage herausgehen

Ich weiß, dass ich empfangen und geboren bin.
Ich bin hervorgegangen.
Ich bin.
Ich bin aufgeflogen und habe mich niedergelassen
In der Barke, die im Urgewässer ist.

Cap. 67
Das Grab öffnen

Geöffnet ist die Gruft für die, die im Urgewässer sind.
Gelöst sind die Schritte derer, die im Lichte sind.
Geöffnet ist die Höhle, damit das Leben hervorgehe.
Ich gehe hervor nach draußen und
Ich steige wieder hinab in das Loch.
Ich nehme die Stricke und packe die Seile.
Ich steige hinab zu meinem Sitz in der Sonnenbarke.

Cap. 68
Hervorgehen am Tage

Geöffnet sind die Türflügel des Himmels,
Geöffnet sind die Türflügel der Erde.
Geöffnet sind die Riegel,
Das Haus steht offen.
Der bewacht hat, hat losgebunden,
Der seinen Arm an meinen gebunden hat, löst den Arm von mir.
Geöffnet ist der Mund des Pelikans,
Aufgetan ist der Mund des Pelikans.
Er lässt mich hervorgehen am Tage zu jeglichem Ort.
Ich verfüge über mein Herz und verfüge über meine Brust,
Ich verfüge über meine Arme und verfüge über meine Beine,
Ich verfüge über meinen Mund und verfüge über meine Glieder.
Ich verfüge über Wasser und verfüge über Luft,
Ich verfüge über die Flut und verfüge über den Strom,
Ich verfüge über die Ufer.
Ich verfüge über die Männer, die gegen mich wirken,
Ich verfüge über die Frauen, die gegen mich sind.
Ich verfüge über die, die auf Erden gegen mich handeln.
Doch sagt ihr über mich:
«Er lebt ja von dunklem Brot» –
Mein Abscheu ist das, ich will es nicht essen.
Ich lebe von hellem Weizenbrot,
Mein Bier ist aus gelber Gerste.
Ich wohne unter den Zweigen der heiligen Palme.
Ich verfüge über mein Herz und verfüge über meine Brust,
Ich verfüge über meine Arme und verfüge über meine Beine,
Ich verfüge über meinen Mund und verfüge über alle Glieder.
Ich verfüge über Wasser und verfüge über Luft,
Ich verfüge über die Flut und verfüge über den Strom,
Ich verfüge über die Ufer.
Ich verfüge über die Männer, die gegen mich wirken,
Ich verfüge über die Frauen, die gegen mich sind.
Ich verfüge über die, die auf Erden gegen mich handeln.

Ich erhebe mich auf die linke Seite,
Ich drehe mich auf die rechte Seite.
Ich erhebe mich auf die rechte Seite,
Ich drehe mich auf die linke Seite.
Ich sitze und stehe wieder auf,
Ich schüttle den Staub ab,
Ich folge meiner Zunge und meinem Mund:
Wer die Worte kennt, geht hervor am Tage,
Wird auf Erden wandeln unter den Lebenden,
Kann nicht zugrunde gehen.

Cap. 69
Eine andere Lesart

Ich bin der Brennende, Bruder des Brennenden,
Gegen meine Feindinnen und Feinde geschützt.
Fesseln wurden an ihre Arme gelegt,
An ihre Hände und an ihre Füße,
Weil sie gegen mich getan haben.
Ich bin der Älteste, der Erbe,
Ich bin Herr des Kopfes,
Mit lebendigem Vorderteil und kräftigem Hinterteil.
Ich bin der Stern am Himmel,
Der sich dem Lande nähert,
Der flackert inmitten der Sterne des Himmels.
Ich bin der weiße Stier auf der Heide.
Mein Vater ist die Erde, meine Mutter der Himmel.
Ich gehe hinein und sage dem Sammler der Schrift,
Dem Türhüter, dem Pförtner,
Dass ich gekommen bin,
Dass ich geprüft bin und göttlich bin.
Ich bin gekommen,
Dass ich auf dem Ruheplatz sitze.
Ich vertreibe, was gelitten worden.
Ich bin geboren, bin verjüngt, verjüngt.
Ich enthülle mein Knie,
Ich öffne den Mund.
Ich setze mich, als Schreiber, und sage frohen Herzens:
Tausend Brote und tausend Krüge Bier auf den Tisch.
Dazu bunte Kühe und Langhornrinder,
Rote Rinder und Stiere,
Gänse und Enten,
Dass ich spende,
Dass ich gebe.

Cap. 70
Noch eine andere Lesart

Ich spende für den Obersten der Tinte,
Den Schreiber mit frohem Herz,
Vor mir der Tisch.
Möge ich den Ostwind auf seinem Haar küssen.
Möge ich den Nordwind an seiner Locke packen.
Möge ich den Südwind an seiner Haarflechte reißen.
Möge ich den Westwind an seiner Schläfe fassen.
Möge ich den Himmel umkreisen.
Ich gebe den Brotessern den Atem.
Wer die Schriftrolle auf Erden kennt,
Der wird am Tage herausgehen,
Der wandelt auf Erden unter den Lebenden,
Sein Name kann nicht vergehen.

Cap. 71
Am Tage herausgehen, Stimmen

Falke, der auffliegt aus dem Urgewässer,
Sei wohlbehalten, wie du mich wohlbehalten sein lässt.
«Löst ihn! Bindet ihn los!»
«Lasst ihn zur Erde und erfüllet seinen Wunsch!»,
Sagt das eine Gesicht über mir.
«Ich bin der Falke im Schrein,
Ich öffne für die mit gesäumtem Gewand.»
Sei wohlbehalten, wie du mich wohlbehalten sein lässt.
«Löst ihn! Bindet ihn los!»
«Lasst ihn zur Erde und erfüllet seinen Wunsch!»,
Sagt das eine Gesicht über mir.
«Ich bin der Falke im Südhimmel, der andere im Nordhimmel.
Ich habe die Kobra befriedet, als sie wütend war.
Ich habe die Wahrheit denen gebracht, die sie lieben.»
Sei wohlbehalten, wie du mich wohlbehalten sein lässt.
«Löst ihn! Bindet ihn los!»
«Lasst ihn zur Erde und erfüllet seinen Wunsch!»,
Sagt das eine Gesicht über mir.
«Ich bin die Wurzel, die Pflanze der verborgenen Stätte.»
Sei wohlbehalten, wie du mich wohlbehalten sein lässt.
«Löst ihn! Bindet ihn los!»
«Lasst ihn zur Erde und erfüllet seinen Wunsch!»,
Sagt das eine Gesicht über mir.
Der an beiden Füßen gefesselt und doch in seiner Kraft ist,
Nestling, inmitten der Nestlinge,
Sei wohlbehalten, wie du mich wohlbehalten sein lässt.
«Löst ihn! Bindet ihn los!»
«Lasst ihn zur Erde und erfüllet seinen Wunsch!»,
Sagt das eine Gesicht über mir.
Niederschwebender, der in seinem Ei ist,
Sei wohlbehalten, wie du mich wohlbehalten sein lässt.
«Löst ihn! Bindet ihn los!»
«Lasst ihn zur Erde und erfüllet seinen Wunsch!»,

Sagt das eine Gesicht über mir.
Halte an, der in der Mitte seines Hügels,
Halte an, der in der Mitte ihres Ufers.
«Löst ihn! Bindet ihn los!»
«Lasst ihn zur Erde und erfüllet seinen Wunsch!»,
Sagt das eine Gesicht über mir.
Ihr sieben Weisen, die Waage tragend in jener Nacht,
In welcher das Auge geprüft wird,
Die Köpfe abschlagen und Hälse abtrennen,
Die Herzen ergreifen und aus der Brust reißen,
Die ein Blutbad anrichten im feurigen See –
Ich kenne euch, ich kenne die Namen.
Möget ihr mich erkennen, wie ich eure Zahl kenne.
Möget ihr meinen Namen kennen, wie ich euren Namen kenne,
Möge ich zu euch gelangen, möget ihr zu mir gelangen.
Möget ihr durch mich leben, möge ich durch euch leben.
Möget ihr mich dem Leben zuweisen, das in eurer Faust ist,
Möget ihr mich dem Leben zurechnen jedes Jahr.
Möget ihr viele Jahre über meine Lebensjahre hinaus gewähren,
Viele Monate über meine Lebensmonate hinaus,
Viele Tage über meine Lebenstage hinaus,
Viele Nächte über meine Lebensnächte hinaus,
Bis ich herausgehe.
Möge ich zu meinem Abbild aufgehen.
Atem ist an meiner Nase,
Und meine Augen blicken umher unter den Horizontbewohnern
An jenem Tag, an dem mit dem Räuber abgerechnet wird.
«Ich bin die Wurzel, die Pflanze der verborgenen Stätte.»
Sei wohlbehalten, wie du mich wohlbehalten sein lässt.
«Löst ihn! Bindet ihn los!»
«Lasst ihn zur Erde und erfüllet seinen Wunsch!»,
Sagt das eine Gesicht über mir.

Cap. 72
Herauszugehen am Tage und die Welt aufschließen

Seid gegrüßt, die ihr bis in Ewigkeit seid, ewig dauernd.
Ich dringe zu euch, ich bin verklärt in meiner Gestalt,
Ich bin ausgestattet.
Ich bin geprüft.
Rettet mich vor der Erde,
Dieser Insel angeblich Rechtschaffener.
Der Mund der Gerechten ist mein Mund, mit dem ich rede,
Speisen werden mir von euch gegeben.
Ich kenne euch, kenne eure Namen,
Ich kenne dessen Namen, dem ihr Nahrung gebt.
Aus dem östlichen Horizont des Himmels tritt er heraus,
Und er lässt sich nieder im westlichen Horizont des Himmels.
Geht er weg, gehe ich weg,
Geht er dahin, gehe ich dahin.
Ich bin unversehrt, er ist unversehrt,
Er ist unversehrt, ich bin unversehrt.
Ich werde nicht von der Milchstraße fortgetrieben,
Keine Feinde werden Macht über mich gewinnen.
Ich werde nicht von euren Toren ferngehalten,
Ihr werdet eure Pforten nicht vor mir schließen.
Mein Brot ist hier,
Mein Bier ist dort.
Mir ist gegeben und errichtet mein Haus auf Erden,
Gerste und Spelt darin ohne Zahl,
Bereitet für das Fest.
Möget ihr mir geben – Brot, Bier, Weihrauch und Salbe,
Alles Schöne, Gute und Reine,
Und ein Sein bis in Ewigkeit in jeder Gestalt, die ich wünsche.
Ich fahre im Binsengefilde stromab und stromauf,
Ich bin der Doppellöwe,
Die Sonne des Morgens und des Abends.
Wer das Buch kennt auf Erden,
Wem es geschrieben auf sein Tuch,

Geht heraus am Tage in jeder Gestalt
Und tritt wieder ein in das Haus, ungehindert,
Brot und Bier wird gegeben,
Und geht hinaus ins Binsengefilde,
Gerste und Spelt wird dort gegeben,
Und wird gedeihen, auf Erden seiend,
Und wird tun – ...

Cap. 73
Öffnen II

Siehe, ich bin gekommen.
Möge ich schauen.
Möge ich die Tore öffnen.
Möge ich sehen.
Ich habe die Finsternis vertrieben.
Ich bin gekommen, um zu sehen.
Ich zerhacke das Herz des Mörders.
Ich will die Riten vollziehen.
Ich habe jeden Weg erschlossen – im Himmel und auf Erden.
Ich bin der Sohn, der Geliebte seines Vaters.
Als Verklärter bin ich gekommen.
Alle geben mir den Weg frei.

Cap. 74

Die Füße beschleunigen und aus der Erde herausgehen

Tue, was du immer tust, Tod.
Tod, der in seinem Haus ist,
Der auf der Terrasse ist.
Ich bin der Leuchtende über dem Himmel,
Ich gehe hinaus,
Ich steige empor auf dem Lichtglanz.
Ich bin müde, müde bin ich,
Ich gehe dahin, müde, müde,
Auf dem Ufer derer, deren Mund genommen ist.

Cap. 75
Gehen und einen Sitz empfangen

Ich bin herausgegangen.
Ich bin gekommen von den Grenzen der Erde.
Angenehmer die Leinenbinden als die Eingeweide des Pavians.
Ich habe die Gebäude durchwandert, die mit Vorräten gefüllt.
Ich bin eingedrungen in jene Häuser,
Ich bin gelangt zu diesen Häusern.
Ich bin eingeführt worden in die wohlverwahrten Geheimnisse.
Ich bin vorbeigegangen an einem bestimmten Haus
Und das Blut haben mir die Arme gereicht.
Ich bin aufgegangen und bin eingeführt.
Ich bin.

Cap. 76
Jegliche Gestalt annehmen

Ich bin an meinem Haus vorbei zum König gegangen.
Die Tänzerin ist es, die mich geholt hat.
Sei gegrüßt, die du zum Himmel fliegst,
Den die Sterne beleuchten.
Ich bin du, du bist ich.
Der Weg sei mir gebahnt,
So dass ich dort vorbeigehe.

Cap. 77
Die Gestalt eines goldenen Falken annehmen

Erschienen bin ich als großer goldener Falke,
Der aus seinem Ei geschlüpft ist.
Aufgeflogen bin ich und habe mich niedergelassen
Als ein Falke von vier Ellen und mit Flügeln aus grünem Feldspat.
Verlassen habe ich den Schrein der Nachtbarke,
Mein Herz ist mir im Ostgebirge gebracht worden.
In der Tagesbarke habe ich mich niedergelassen.
Ich bin gekommen.
Die in der Urzeit Befindlichen sind mir gebracht worden,
Sich verneigend.
Erschienen bin ich als goldener Falke auf dem Stein,
Dessen Stimme jeden Tag zu hören.
Möge ich mich zwischen die Großen des Himmels setzen.
Geweiht sind mir die Gefilde,
Dass ich von ihnen esse und in ihnen verklärt bin,
Dass ich Überfluss habe nach dem Wunsch meines Herzens
Gewährt ist Korn meiner Kehle.

Cap. 78
Die Gestalt eines göttlichen Falken annehmen

Komm, Großer, doch.
Mögest du mir die Wege freimachen.
Mögest du für mich meine Lande umwandern.
Mögest du mich sehen.
Mögest du mich erhöhen.
Verbreite Ehrfurcht vor mir,
So dass sie mich in der Unterwelt fürchten,
So dass sie für mich ihre Tore verteidigen.
Nahe nicht dem, der mich verletzt hat,
Mich sehend im Haus der Dunkelheit,
Entdeckend meine Schwäche, die jetzt verborgen.
«Tue so», sagen sie, hörend meine Stimme.
«Schweigt –
Hier spricht ein Gott mit einem Gott.»
Möge die Wahrheit gehört werden, die ich verkünde.
Sprich zu mir.
Lasse die Worte zurückkehren, die aus deinem Mund kamen.
Sorge selbst für dich, nutze deine Kraft.
Möge ich deine Gestalt sehen.
Lass mich ausziehen und mir Macht über die Füße geben,
Dass ich dort sei.
Dann fürchten sie mich in der Unterwelt,
Dann verteidigen sie für mich ihre Tore.
Dass ich mich dort bewege mit denen, die sich bewegen.
Dass ich standhaft bleibe und mich dorthin geselle,
Wenn ich geheilt habe, was der getan, der dich verletzt,
Als er kam und deine Schwäche erblickte.
Ich will aufbrechen und zu den Grenzen des Himmels kommen,
Befragend die Worte.
Erbittend die Befehlsgewalt,
Damit sie mich in der Unterwelt fürchten,
Damit sie für mich ihre Tore verteidigen,
Damit sie sehen, was eingebracht worden.

«Ich bin einer von jenen Geistern, die im Lichtglanz sind.»
«Ich habe meine Gestalt zu seiner Gestalt gemacht.»
Möge er mein Anliegen vortragen,
Möge er Ehrfurcht verbreiten und Ansehen verschaffen.
Mögen sie mich in der Unterwelt fürchten.
Mögen sie auf ihre Tore achtgeben,
Ich bin es.
«Ich bin ein Geist, der im Lichtglanz ist,
Geschaffen, entstanden aus der Wurzel des Auges.
Ich gehöre zu jenen,
Die entstanden und verklärt worden,
Die ausgezeichnet worden.
Im Urgewässer.
Ich bin einer von jenen Würmern,
Die das Auge geschaffen hat.
Ich bin gestärkt, ich bin verjüngt.
Ich bin ausgezeichnet von denen, die im Lichtglanz sind.
Ich bin als göttlicher Falke erschienen,
Wurde ausgestattet, um das Anliegen zur Unterwelt zu bringen.»
Und der Andere sagt:
«Wie willst du zur Grenze des Himmels gelangen?
Du hast kein Kopftuch –
Wie kannst du an den Enden des Himmels sprechen?»
«Ich bin es, der das Anliegen in die Unterwelt trägt.
Mir wurde berichtet, was dort gesagt wurde
Von dem Jahre und dem Tag der Bestattung.»
«Gib mir das Kopftuch», sagt der Andere,
«Damit du gehst und kommst auf den Wegen des Himmels,
Damit dich die erblicken,
Die an den Grenzen des Horizontes wohnen,
Damit sie in der Unterwelt dich fürchten,
Damit sie ihre Tore für dich verteidigen.»
«Du, der ihnen entgegentritt –
Es wird ein Gemetzel geben»,
Sagt er, über seinem Schrein erhoben, zu meinen Gunsten.
«Nehmt ihm das Kopftuch heraus», sagt der Andere.
«Entgegentretender, gib mir den Weg frei.

Ich bin erhöht,
Der Andere hat mir das Kopftuch herausgegeben,
Und die Flügel sind mir verliehen.
Er hat mein Herz gestärkt,
Er hat mein Herz gefestigt,
Ich kann nicht fallen.
Ich bin es,
Ich bin es, der die Wege kennt,
Atem ist in meinem Leib.
Nicht festhalten kann mich der wütende Stier.
Ich gehe zu dem Ort, wo der Schlafende weilt,
Der Schifflose, der über das Feld der Ewigkeit gebietet,
Der mich zur schmerzlichen Finsternis der Westlichen geleitet.
Heute bin ich aus dem Hause des Anderen gekommen,
Ging hinaus.
Ich habe die Unnahbaren gesehen,
Bin geleitet worden zu den verborgenen Unnahbaren.
Ich musste die Geburt schauen.
Ich wurde ausgestattet,
Um sein Anliegen in die Unterwelt zu tragen.
Ich bin es, im Lichtglanz,
Der über das Band verfügt,
Der über seinen Glanz verfügt.
Ich komme und gehe zu den Grenzen des Himmels.
Mein Gesicht ist das eines göttlichen Falken.
Ich bin es, ausgestattet,
Ich bin ausgezogen,
Ich raufe mir die Haare,
Die Haare werden zerzaust, mich sehend.
Mögen sie mich sehen.
Die behüteten Wege sind mir geöffnet,
Wenn sie meine Gestalt sehend und hörend, was ich spreche.
Auf euer Gesicht, mit euren Fratzen und bedrohlichen Hälsen,
Die ihr die Unermüdlichen zieht und die behüteten Wege bahnt.
Nun hebt eure Gesichter wieder,
Ich habe auf euch geblickt,
Als göttlicher Falke bin ich erschienen.

Ich bin ausgestattet,
Um sein Anliegen in die Unterwelt zu tragen.
Die Ergrauten haben für mich zugepackt,
Die Wächter der Richtstätte sind für mich dahingeeilt, mir voran,
Die Wege sind gebahnt, damit ich dahineile,
Damit ich sie in ihren Gruben erreiche.
Ich werde ihnen den Starken nennen,
Ich lasse sie den kennen, dessen Schrecklichkeit groß ist,
Mit seinen Hörnern.
Ich lasse sie wissen, dass die Befehlsgewalt ergriffen,
Dass er ausgestattet mit aller Macht.»
«Geh vorüber», wird mir gesagt,
Und sie erheben sich in ihren Gruben.
«Seht, ich bin gekommen,
Der Weg war mir gebahnt.
Ich werde das Tor festigen.
Die Wege über mir sind mir gebahnt.
Ich habe ausgeführt, was befohlen.
Ich bin ausgezogen,
Dass ich das Anliegen vortrage.
Siehe, da bin ich.
Erhöht, die Unterwelt erschließend.
Aufgetan sind mir die Wege, die himmlischen und irdischen.
Niemand tritt mir entgegen.
Schönes mögest du hören.
Deine Kraft ist frisch,
Angefügt ist dir der Kopf.
Dein Herz ist froh, dein Wunsch beständig.
Freudig dein Hofstaat,
Du, Stier des Westens.
Alles Leben lebt –
Millionen sind gerettet –
Millionen leben durch das Auge.»

Cap. 79
Groß werden

Sei gegrüßt, der, der den Himmel erschuf, der das Seiende schuf,
Der aus der Erde hervorgegangen ist,
Der den Samen entstehen ließ,
Der, der erzeugt und gedeihen lässt.
Seid gegrüßt, ihr Opfernden mit verborgenen Sitzen.
Seid gegrüßt, ihr Ewigzeitlichen
Mit verborgenen Gestalten und geheimen Stätten.
Seid alle gegrüßt, ihr im Wasser, im Westen, im Gegenhimmel.
Ich bin gekommen, göttlich, verklärt, mächtig.
Ich bringe Weihrauch und Natron,
Damit den schlechten Geruch vertreibend.
Ich komme, damit ich das Böse im Herzen vertreibe,
Das Unrecht lösend, das Gute bringend, Gerechtigkeit.
Ich kenne aller Namen,
Ich kenne die Gestalten derer, die sich selbst nicht kennen.
Ich bin gekommen,
Die Menschen fressend und vom Göttlichen lebend,
Stark, hoch auf der Standarte thronend, umjubelt, umjauchzt.
Ich bin gekommen, ein Zwillingskind,
Auf dem Thron am Horizonte sitzend.
Ich empfange die Speisen auf den Altären,
Jeden Abend einen Krug Bier trinkend.
Die Jubelnden kommen zu mir,
Lobpreis spendend.
Ich bin erhaben, erhöht.

Cap. 80
Eine erhabene Gestalt annehmen und die Finsternis erleuchten

Ich bin es, der das himmlische Kleid umgebunden hat,
Der Leuchtende, der die Dämmerung erleuchtet.
Erhellt ist die Urfinsternis durch das Licht in meinem Leib,
Durch den Zauberspruch auf meinen Lippen.
Es erhebt mich, was fallen wird,
Was hinter mir kommen wird,
Mit dem ich gemeinsam in das Wüstental gefallen bin,
Als ich untergegangen bin.
Ich bin es, dessen gedacht wird.
An seiner Stätte habe ich die Befehlsgewalt ergriffen.
Die Finsternis habe ich durch meine Stärke bezwungen,
Das Auge gefüllt am Tag, der ohne Auge war,
Da der sechste Tag noch nicht gekommen.
Ich habe gerichtet im oberen Tal,
Ich habe die Krone ergriffen.
Wahrheit ist in meinem Leib, Türkis und Fayence.
Aus Lapislazuli mein Gefilde dort.
Ich habe die Finsternis der Umgestürzten erleuchtet.
Mögen sie in ihrer Trauer aufstehen.
Erblickt mich,
Ich bin der Himmlische, der Erleuchter.
Die Finsternis wird hell sein,
Ich werde sie vertreiben,
So dass das Licht licht ist.

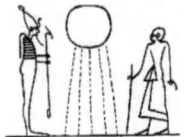

Cap. 81
In der Gestalt einer Lotusblüte

Ich bin jene reine Lotusblüte,
Die aus dem Lichtglanz hervorgegangen.
Ich verbringe meine Zeit,
Tausendfach ist sie.
Ich bin die reine Blüte,
Die aus dem Feld hervorgegangen.

Cap. 82
*Die Gestalt eines Tätigen annehmen, um Brot zu essen und Bier
zu trinken, den Hintern zu entleeren und lebendig zu bleiben*

Als Falke bin ich aufgeflogen,
Als Nilgans habe ich geschnattert
Und mich niedergelassen auf der Seite des Hügels,
Am Fest der Uräusschlange.
Mein Abscheu, mein Abscheu,
Ich will meinen Abscheu nicht essen.
Mein Abscheu ist Kot, ich esse ihn nicht.
Er soll nicht in meinen Leib dringen.
«Wovon aber willst du leben?»
So sprechen die Geister zu mir.
Ich lebe und ich verfüge über warmes Aschenbrot.
«Isst du es wirklich?», sprechen sie zu mir.
Ich lebe und ich esse es
Unter den Zweigen des Dattelbaums.
Ich werde ein Gewand anlegen,
Ich erhebe mich und ich setze mich am Ort, den ich wähle.
Mein Kopf ist die Sonnenscheibe.
Ich bin der Schöpfer.
Vierfach ist die Sonne
Und vierfach sind die Speisen auf Erden.
Ich bin hervorgegangen,
Ich rufe durch meinen Mund die Worte.
Mir ist das Erbe der Erde zugerechnet,
Ich bin der Herr,
Ich bin der Stier.
Ich bin stark und habe Macht über Millionen.

Cap. 83
Die Gestalt eines Wiedererstandenen annehmen

Als Urzeitlicher bin ich aufgeflogen,
Als Mistkäfer entstanden,
Als Gewächs gewachsen,
Als Schildkröte habe ich mich verhüllt.
Ich bin die Frucht,
Ich bin das Gestern, im Westen entstanden.
Der Große, der mitten in seinem Körper leuchtet,
Göttlich.
Ich bin das Gesetz und die Ordnung,
Auf göttlichen Fußspuren erschienen,
Niedermetzelnd die Herren.

Cap. 84
Die Gestalt annehmen als Reiher

Mächtigste unter euch,
Ihr Widder mit scharfen Hörnern, mit Locken aus Türkis,
Ihr Alten und Glänzenden.
Meine Stärke, die den Sieg errang und bis zum Himmel reicht,
Geachtet bin ich.
Meine Schritte gehen bis zu den Stätten des Jenseits.
Ich ziehe dahin, mit fliegendem Haar oder kahlem Kopf.
Alles habe ich hinter mir gelassen,
Die Erwachenden in ihrem Schrein umfangen.
Kenne ich nicht den Ursprung, das erhobene Land?
Kenne ich nicht die roten Stiere?
Kenne ich nicht den Zauber, wenn ich die Worte höre?
Ich bin die rote Antilope, die in der Schrift gemalt.
Die Klagenden sollen sagen:
«Das Gestern ist an euch vorbeigegangen,
Es ist zu mir gekommen.
Das Morgen ist ohne euch.
Ihr werdet nicht bewacht.
Der Rest ist in meinem Leib.
Was mir gesagt, habe ich gesprochen.
Ich habe nicht Unrecht gestern gesagt und Recht heute.
Die Ordnung eilt über die Augenbrauen des Abends,
Es fährt der Südwärts-Fahrer nach Süden,
Der den Liegenden feiert, die Greise umarmt,
Das Land bewacht.»

Cap. 85
Die Gestalt einer freien, lebendigen Seele annehmen, um nicht in
die Richtstätte einzutreten

Ich bin die Seele,
Die aus dem Urgewässer hervorging,
Göttlich und erschaffend.
Mein Abscheu ist das Unrecht, ich will es nicht sehen.
Ich will Gerechtigkeit und lebe von ihr.
Stets erschaffend, kann ich nicht zugrunde gehen.
Von selbst bin ich entstanden,
Zusammen mit dem oberen Himmel,
Mich allzeit in die Morgensonne verwandelnd.
Ich bin das Licht,
Mein Abscheu ist es, bestattet zu werden.
In die Schlachtstätte der Unterwelt will ich nicht eintreten,
Ich verleihe Herrlichkeit und Verklärtheit.
Ich habe das Herz zufriedengestellt,
Die Übeltäter bringen mich nicht zu Fall.
Ich bin der Älteste der Urzeitlichen,
Meine Seele ist die Seele der Ewigkeit.
Ich bin es, der die Finsternis geschaffen hat,
Der seinen Platz bereitet in den Grenzen des Himmels.
Ich befehle mit meinem Zepter, das Firmament überquerend.
Ich vertreibe die Finsternis, das verborgene Gewürm.
Vom Herrn der beiden Arme entferne ich meine Schritte.
Ich bin die Ewigkeit,
Mein Leib ist die Schlange,
Meine Gestalt ist das Ewige,
Der Herr der Jahre und Herrscher der unendlichen Dauer.
Ich bin der Erhöhte.
‹Der Junge im Ort, das Kind im Felde› ist mein Name.
Er kann nicht vergehen,
Ich habe die Urgewässer geschaffen, meinen Platz eingenommen.
Mein Nest ist nicht erblickt worden,
Nicht wird mein Ei zerbrechen.

Der Millionen Herr bin ich.
Ich habe mein Nest in den Grenzen des Himmels gebaut
Und steige hinab zum Reich der Erde,
Dass ich das Übel beseitige, den Abend erblickend,
Ihn küssend, zugewiesen sind mir die Abendbewohner
Auf dem westlichen Hügel.

Cap. 86
Sich in eine Schwalbe verwandeln

Ich bin eine Schwalbe, eine Schwalbe bin ich.
Ein Skorpion, Schutz und Mutter.
Wie angenehm ist der Duft,
Die Flamme, die aus dem Horizont hervorging.
Hole die Hüter, reiche mir die Hand.
Ich bin fortgegangen mit einem Auftrag
Und bin zurückgekehrt mit einer Botschaft.
Öffne mir, damit ich berichte, was ich gesehen.
Ich habe geprüft, was in der Stadt ist,
Ich bin fortgegangen, um zu prüfen,
Und zurückgekehrt, um zu berichten.
Lass mich vorbeigehen, damit ich meine Botschaft melde.
Ich bin einer, der geprüft hineingeht
Und bestätigt hervortritt aus dem Tor.
Ich bin gereinigt worden
Und habe mein Übel beseitigt und kenne kein Unrecht.
Ich habe beseitigt, was mir anhaftete.
Türhüter, gebt mir den Weg frei,
Ich bin euresgleichen –
Ich gehe hervor am Tage
Und laufe auf meinen Beinen.
Ich habe Gewalt über den Lauf des Lichts.
Ich kenne die verborgenen Wege, die Tore des Binsengefildes.
Seht, ich bin gekommen –

Cap. 87
Sich in eine Schlange verwandeln

Ich bin eine Schlange, ein Erdensohn mit langen Jahren,
Der schläft und wieder geboren wird, Tag für Tag.
Ich bin ein Erdensohn, in den Grenzen der Erde,
Ich schlafe und werde wieder geboren,
Ich bin erneuert und bin verjüngt, Tag für Tag.

Cap. 88
Die Gestalt eines Krokodils annehmen

Ich bin ein Krokodil inmitten seines Schreckens.
Ich bin ein Krokodil, das räuberisch zuschnappt.
Ich bin der größte Fisch,
Der größte im See.

Cap. 89
Ruhen der freien Seele

Holender, Eilender, der du in der großen Halle bist,
Mögest du meine Seele zu mir kommen lassen,
Aus jedem Ort, wo sie auch sei.
Verzögert sich ihre Rückkehr,
Sollst du sehen, dass du bedroht bist:
Die Erwachenden sind erwacht,
Die Schlafenden schlafen nicht mehr.
Die Seele soll meinen verklärten Leib ergreifen,
Gerechtfertigt bin ich mit ihr an jedem Ort, an dem sie ist,
Ihr gehören das Himmlische und das Irdische.
Sollte sich verzögern, dass du mit der Seele zurückkehrst,
Wirst du sehen, dass du bedroht bist.
Sie soll mich sehen.
Sie soll sich auf mir niederlassen.
Sie wird nicht vergehen.
Sie wird ewig in meinem Leib sein.

Cap. 90
Unwirksamkeit der Worte verhindern

Der Köpfe abschlägt und Hälse durchschneidet,
Der Unwirksamkeit in den Mund der Verklärten bringt,
Der Zauberkraft wegen, die in ihrem Leib ist –
Der soll mich nicht sehen mit diesen seinen Augen,
Mit denen er aus seinen beiden Knien herausblickt.
Das Gesicht nach hinten wendend,
Erblick ich den Schlächter, der hinter mich getreten ist,
Um meinen Kopf abzuschlagen,
Um meinen Hals durchzuschneiden
Im Auftrag dessen, der seinen Herrn beraubt,
Wegen dessen, was er mir antun wollte –
Unwirksamkeit in meine Worte zu bringen.
Mein Kopf wird nicht abgeschlagen,
Mein Hals nicht durchschnitten,
Mein Mund ist nicht versiegelt worden.
Er weicht zurück, tritt zurück.
«Sei zusammengekrümmt, du Löwengesichtiger.»
Da schlägt die Flamme des Auges gegen mich,
Aus dem Auge des Urgrunds.
Er weicht zurück.
Mein Abscheu ist in ihm, sein Abscheu in mir.
Kommt er nicht gegen mich, sage ich nicht:
«Weiche zurück vor dem Schlächter.»

Cap. 91
Verhindern, dass die Seele eingesperrt wird

Hohe, angeflehte, mächtige,
Große Seele.
Schrecken einflößend,
Wenn auf ihrem Sitz erschienen.
Mögest du mir weiterhin den Weg bahnen,
Meinem Leib und meinem Schatten.
Ich habe mir bis heute einen Weg gebahnt.

Cap. 92
Hervorgehen am Tage und seiner Füße mächtig sein

Öffne, und du bist offen.
Schließe, und du bist geschlossen, Schlafender.
Öffne, und du bist offen.
Ich bin gerettet,
Ich bin weit ausgeschritten und habe die Knie gestreckt,
Ich habe einen großen Weg zurückgelegt,
Mein Fleisch ist beruhigt.
Ich bin es, dessen Stimme
Den Vater geholt hat, seine Mutter geholt hat.
Geöffnet ist der Weg für den, der seiner Füße mächtig ist,
Dass er ins Innere der Sonnenbarke schaue,
Wo die Seelen gezählt werden.
Die meine ist ganz vorne.
Gerettet soll sie werden.
Befestigt soll der Schmuck am Scheitel der Sonne werden.
Nicht soll sie eingesperrt sein, der Schatten nicht festgehalten.
Geöffnet ist der Weg, damit ich schaue ins Innere des Schreins
Am Tag, an dem die Seelen geprüft werden,
Damit ich berichte von den Verklärten und den Schatten,
Die mir Böses getan.
Eile, der Weg ist geöffnet für mich,
Die Verklärten leiten mich.
Ich setze mich an die Spitze der Großen.
Ich werde nicht eingesperrt von den Gliederhütern,
Die die Toten bewachend.
Nicht werde ich festgehalten vom Himmel,
Nicht eingesperrt von der Erde,
Nicht verwundet von den Hörnerträgern.
Ich bin meiner Füße mächtig und gehe am Tag heraus.

Cap. 93
Nicht zulassen, zum Osten übergesetzt zu werden

Du geil aufgerichtetes Schwert der Sonne,
Regsam im Streit,
Stärker als der Stärkste,
Mächtiger als der Mächtigste,
Wenn ich verschleppt würde,
Gegen meinen Willen zum Osten.

Cap. 94
Wassernapf und Schreibpalette erbitten

Großer, der nach seinem Vater schaut,
Schreibergehilfe,
Siehe, ich bin gekommen,
Machtvoll und mächtig.
Ich bin ausgestattet mit den Schriften.
Hole mir eilends das Bild,
Hole mir den Wassernapf,
Hole mir die Schreibpalette,
Den Aktenkasten und darin die Geheimnisse.
Siehe, ich bin ein Schreiber –
Hole mir den Leichensaft, ich will damit schreiben.
Ich führe aus, was mir gesagt worden
Im Glanz der Morgensonne,
Ordnend, der Sonne nachfolgend.

Cap. 95
Zur Seite des Schreibers sein I

Ich bin der Schreckliche im Unwetter,
Den die Schlange im Getümmel schützt.
Ich schlage den glühend Gewalttätigen, kühle den Röstenden.
Ich habe im Getümmel der Schlange geholfen,
Das Messer gehärtet.

Cap. 96
Zur Seite des Schreibers sein II

Ich bin inmitten des Auges,
Ich bin gekommen, richtend, ordnend,
Befriedend, schützend,
Mit Speichel des Irdischen und
Mit dem Blut, im Rückgrat, der Vorfahren.

Cap. 97
In der Nachbarke sprechen

Pfeiler der Nachtbarke, Zepter des Totengeleiters,
Ich habe die Verklärten zufriedengestellt.
Ich bin der Herr der Felder,
Ich, der Hüter der Gewässer,
Vertreibe den Durst, bewache den See.
Schaut auf mich,
Ich bin hoch über den Köpfen.
Seht, ich werde anerkannt, bin rein,
Ich werde nicht dem Unheil übergeben.
Das Ungemach, es hat sich von mir gewandt.
Ich bin gereinigt im See,
Umgürtet habe ich mich
Unter den beiden Sykomoren von Himmel und Erde.
Alle sind erfreut.
Sollte die Ordnung gestört werden, bin ich Zeuge der Wahrheit.
Ich bin es, der richtet und urteilt,
Das Zepter der Sonne, in Wahrheit lebend.
Kein Schaden soll mir zugeführt werden.
Nicht ist der Tag verhüllt, der strahlender ist als alles.

Cap. 98
Die Fähre im Himmel holen

Sei gegrüßt, jener Bezirk, im Nordhimmel gelegen,
Im großen See,
Wer dich sieht, wird nicht sterben.
Wer auf dir steht, erscheint.
Ich habe dich gesehen und bin nicht gestorben.
Ich stehe auf dir und erscheine.
Ich habe als Gans geschnattert.
Ich bin dort als jener Falke dahingeflogen
Über den Scheitel und über den Duft.
Ich durchziehe die Erde hin zum Himmel.
Ich stehe auf, das Licht befestigend auf den Stangen der Leiter,
Welche die Unermüdlichen aufsteigen lässt.
Ich habe jene geholt, die das Böse abwehren,
Als ich am Schiffsrumpf vorbeiging.
Ich bin aus dem Flammenkanal gekommen,
Aus den Gefilden der verzehrenden Flamme.
Ich werde in jenem erhabenen Gewässer leben –
Ich stehe in der Barke und leite das Wasser.
Ich stehe in der Barke und leite.
Ich stehe.
Ich steige hinab, und ich fahre dahin.
Geöffnet sind die Tore,
Offen mir die Äcker,
Brüdern und Schwestern zurückgegeben.

Cap. 99A
Die Fähre holen I

Fährmann, bringe mir das,
Was gebracht wurde wegen des Auges und wegen der Hoden.
Das Auge, in der östlichen Seite des Himmels gefallen,
Springt auf,
Sich rettend.
Hintersichschauer, wecke auf, der mit Leben beschenkt ist.
Siehe, ich bin gekommen.
«Wer bist du, Ankömmling?»
Ich bin es, den sein Vater liebhat, den seine Mutter liebhat.
Ich bin es, der seinen Vater aufweckt, wenn er schläft.
Hintersichschauer, wecke auf, der mit Leben beschenkt ist.
Siehe, ich bin gekommen.
«Sagtest du nicht, zu jener Seite des Himmels,
Der östlichen, wollest du übersetzen?
Was willst du dort tun?»
Ich habe den Kopf aufgerichtet, erhebe die Hand.
Befehle sind erteilt,
Wegen dieses Auges sind die Befehle erteilt.
Es soll nicht vergehen, nicht vernichtet werden in diesem Land,
Ewig und ewig.
Hintersichschauer, wecke auf, der mit Leben beschenkt ist.
Siehe, ich bin gekommen.
«Weshalb soll ich aufwecken, der mit Leben beschenkt ist?»
Er hat gebracht, was zusammengefügt worden im Wasserlauf.
«Die Fähre lag zerlegt in der Werft.»
Ergreife die linke Seite und mache sie zum Heck,
Ergreife die rechte Seite und mache sie zum Bug.
«Aber es gibt keine Binsen, keine Stricke,
Es gibt kein Holz, kein Leder.»
Die Binsen, das sind die scharfen Messer, die Reißzähne.
Ihre Stricke, das ist der Schwanz.
Das Holz sind die Eingeweide.
Ihr Leder, das ist die Hand.

Und was sie leitet, ist das Auge.
Hintersichschauer, wecke auf, der mit Leben beschenkt ist.
Siehe, ich bin gekommen.
«Wer ist es, der das Schiff bewachen wird?»
Der über den Kampf gebietet, ist es, der bewachen wird.
Ich habe dir jenen Saum des Traurigen gebracht –
Wenn du ihn an das Heck bindest, wird er es hüten.
Hintersichschauer, wecke auf, der mit Leben beschenkt ist.
Siehe, ich bin gekommen.
«Wer aber wird es bringen?»
Du wirst es bringen, zusammen mit Gerste.
Er wird das Schiff leiten.
Er ist es, der es zu dem Ort führen wird, an dem du bist.
«Womit geschieht das?»
Mit den Schwingen geschieht das, im stürmischen Himmel.
«Aber es ist kein Mast vorhanden.»
Ich habe den geil Aufgerichteten gebracht,
Der jubelt und jauchzt vor den Kälbchen.
«Worauf soll ich ihn befestigen?»
Auf den Schenkeln, wo sich die Beine spreizen.
«Und die Seile?»
Jene Schlange ist die schützende Hand.
«Wohin soll es fahren?»
Es soll geleitet sein.
«Aber das Segel?»
Das ist die Wurzel,
Hervorgegangen am Neujahrtag der Erkenntnis.
«Und die Lippen?»
Das sind die Sehnen des Gefürchteten.
«Wovor fürchten sich alle?»
Das Nächtliche, vor dem Jahr gewesen, allezeit.
«Auf welche Weise bist du gekommen, hervorgegangen?»
Ich ging hervor aus den Gräsern und Stricken.
«Was hast du mit ihnen getan?»
Ich bin auf ihren Rücken getreten.
«Was hast du mit ihnen noch getan?»
Mein Steuerbord ist ihr Steuerbord,

Mein Backbord ist ihr Backbord,
Mein Heck ist ihr Heck.
«Was hast du mit ihnen noch getan?»
In der Nacht wurden die Stiere erschlagen,
Die Gänse geschlachtet.
«Wer aber steht darüber?»
Das Vordere, das Herrschende.
«Wer aber bringt die Schalen?»
Das Lenkende.
«Was hast du damit getan?»
Gehe, wo es fruchtbar ist,
Gehe, wo die beiden Länder gelenkt werden.
Ich fand alles, wo ein Fest gefeiert,
Dieses Mädchen, das andere Mädchen,
Mit Kopftüchern bedeckt,
Kommend und tragend die Mahlzeiten,
Auch bereitend die Mahlzeiten auf der Fahrt nach Norden
Und Gebäck auf der Fahrt nach Süden.
Hintersichschauer, wecke auf, der mit Leben beschenkt ist.
Siehe, ich bin gekommen.
«Wer bist du, Ankömmling?»
Ich bin der Zauber.
«Wer ist vollständig?»
Ich bin vollständig.
«Bist du wohlversehen?»
Ich bin wohlversehen.
«Hast du die beiden Kinnbacken behandelt?»
Ich habe die beiden Kinnbacken behandelt.
«Welches sind denn die beiden Kinnbacken?»
Jener Ellbogen und das Knie.
Hintersichschauer, wecke auf, der mit Leben beschenkt ist.
Siehe, ich bin gekommen.
«Sagtest du nicht, zu jener Seite des Himmels,
Der östlichen, du wollest übersetzen?
Wohin willst du also übersetzen?»
Ich werde die Städte, die Dörfer beherrschen.
Ich werde kennen, wer hat, und gebe dem, der nicht hat.

Speisen werden mir bereitet auf der Fahrt nach Norden,
Gebäck gehört mir auf der Fahrt nach Süden.
Hintersichschauer, wecke den, der mit Leben beschenkt ist.
Siehe, ich bin gekommen.

Cap. 99B
Die Fähre holen II

Die ihr die Fähre über jene Sandbank bringt,
Bringet mir die Fähre, knüpft mir das Vordertau.
«In Frieden, in Frieden,
Komm her, komm her,
Beuge dich, beuge dich.»
Ich bin gekommen.
Über den roten Stoff herrschend, über Herzensfreude verfügend,
Über jene Sandbank fahrend,
Köpfe wieder anfügend und Nacken befestigend,
Aus der Verwundung entkommend.
Hütend die Fähre, du: Hole mir die Fähre.
Knüpfe mir das Vordertau,
Um zu entkommen aus dem Land,
In dem die Sterne umgestürzt auf ihre Gesichter fallen
Und nicht wissen, wie sie sich wieder erheben.
‹Der mit dem engen Weg› ist die Zunge,
‹Der Traurige› leitet die beiden Länder,
Die Erde bleibt ihr Steuerruder.
Himmel, der die Sonnenscheibe am Morgen enthüllt, hole mich.
Lass mich nicht schifflos sein.
«Komm, Verklärter, Bruder,
Und fahre zu dem Ort, den du kennst.»
«Nenne mir meinen Namen», sagt der Landepflock.
‹Herrin der beiden Länder im Schrein› ist dein Name.
«Nenne mir meinen Namen», sagt der der Schlegel.
‹Bein des Stiers› ist dein Name.
«Nenne mir meinen Namen», sagt das Bugtau.
‹Haarflechte› ist dein Name.
«Nenne mir meinen Namen», sagt der Pfahl.
‹Es sind die Säulen im Totenreich› ist dein Name.
«Nenne mir meinen Namen», sagt der Mastfuß.
‹Finsternis› ist dein Name.
«Nenne mir meinen Namen», sagt der Mastbaum.

‹Der die Große geholt hat, als sie fern war› ist dein Name.

«Nenne mir meinen Namen», sagt das untere Tau.

‹Das ist der Rücken› ist dein Name.

«Nenne mir meinen Namen», sagt die Mastspitze.

‹Gurgel› ist dein Name.

«Nenne mir meinen Namen», sagt das Segel.

‹Himmelsgewölbe› ist dein Name.

«Nenne mir meinen Namen», sagen die Riemen und Schnüre.

‹Gemacht aus der Haut des Stiers› ist euer Name.

«Nenne mir meinen Namen», sagen die Ruder.

‹Das sind die Finger› ist euer Name.

«Nenne mir meinen Namen», sagt die Schöpfkelle.

‹Schöpfen des Blutes aus dem Auge› ist dein Name.

«Nenne mir meinen Namen», sagen die Planken des Schiffes.

‹Plünderer, der schaut, was er geholt› sind eure Namen.

«Nenne mir meinen Namen», sagt das Steuertau.

‹Das über Felder gebietet› ist dein Name.

«Nenne mir meinen Namen», sagt die Ruderbank.

‹Die Hände klatschend› ist dein Name.

«Nenne mir meinen Namen», sagt das Steuerruder.

‹Richtiger, Erleuchter des Geheimen› ist dein Name.

«Nenne mir meinen Namen», sagt das Schiff.

‹Das Bein, abgeschnitten mit ausgestrecktem Arm› ist dein Name.

«Nenne mir meinen Namen», sagt der Schiffer.

‹Das ist der Abweisende› ist dein Name.

«Nenne mir meinen Namen», sagt der Wind.

‹Nordwind, der aus der Nase hervorgegangen› ist dein Name.

«Nenne mir meinen Namen», sagt der Strom, «bevor du fährst.»

‹Den sie erblicken› ist dein Name.

«Nenne mir meinen Namen», sagt das Ufer.

‹Mit langem Arm in der Balsamierungsstätte› ist dein Name.

«Nenne mir meinen Namen», sagt der Erdboden.

‹Nase des Himmels, der im Binsengefilde ist› ist dein Name.

Was zu sagen ist:

Seid gegrüßt, ihr Besitzenden, bis ans Ende der Zeit lebend.

Ich bin zu euch vorgedrungen.

Möget ihr mir Nahrung und Speisen an meinen Mund reichen,

Mit dem ich spreche,
Dazu Kuchen.
Mein Sitz ist hier,
Ich kenne ihn, vordringend in den Osthorizont des Himmels
Und dahingehend im Westhorizont des Himmels.
Fortgehend, gehe ich fort,
Wohlbehalten.
Ich soll nicht vertrieben werden von der Milchstraße,
Die Widersacher sollen sich nicht meines Fleisches bemächtigen.
Mein Brot und mein Bier mögen mir zugewiesen werden.
Ich bringe Gerste und Emmer, Myrrhe und Kleider,
Leben und Gesundheit,
Um herauszugehen am Tage in jeder Gestalt,
Aus dem Binsengefilde.
Ein Kuchen und ein Krug werden mir gegeben,
Dazu Ackerland mit Gerste und Emmer.

Cap. 100
*Einen Verstorbenen auszeichnen und ihn in die Barke zusammen
mit seinem Gefolge einsteigen lassen*

Ich habe den auferstehenden Jäger übergesetzt,
Ich habe die Grotten des Flusses geöffnet,
Ich habe der Sonne den Weg gebahnt.
Ich habe den Toten auf seinem Schlitten gezogen,
Ich habe die Schlange gestärkt,
Ich habe die Sonnenscheibe besungen.
Ich habe mich den Sonnenaffen zugesellt, bin einer von ihnen,
Ich habe mich zum Gefährten der Mütterlichen gemacht,
Sie ermunternd,
Ich habe die Taue festgebunden.
Ich habe die Finsternis zurückgedrängt,
Die Sonne hat mir ihre Arme entgegengestreckt,
Ich bin stark, das Auge heil, stark das Auge, heil bin ich.
Wer immer mich von der Sonnenbarke fernhält,
Wird vom Auge des Fisches ferngehalten.

Cap. 101
Die Sonnenbarke schützen

Nichts ist nach draußen gedrungen.
Niemand weiß Bescheid.
Kein Auge hat es gesehen, kein Ohr gehört.
Der das Wasser überschreitet,
Der aus dem Wasser hervorgegangen ist,
Der sich am Bug seiner Barke niederlässt,
Begib dich an deinen gestrigen Platz,
Lass dich nieder im Heck deiner Barke.
Ich habe mich zu deiner Mannschaft gesellt.
Bist du wohlbehalten, bin ich wohlbehalten.
Sonne, wenn du dort an denen,
Auf dem Kopf stehenden, vorbeigehst,
Sollst du mich auf die Füße stellen.
Bist du wohlbehalten, bin ich wohlbehalten.
Sonne, wenn dir die Geheimnisse des Jenseits erschlossen sind,
Um das Herz zu lenken,
Sollst du mein Herz zurückgeben.
Bist du wohlerhalten, bin ich wohlerhalten.
Dein Leib ist mein Leib.

Cap. 102
In die Sonnenbarke einsteigen

Großer, hole mich in die Barke.
Möge ich deine Fahrt lenken mit diesen deinen Unermüdlichen.
Mein Abscheu, mein Abscheu.
Ich will meinen Abscheu nicht essen –
Mein Abscheu ist Kot.
Ich esse ihn nicht.
Und der Unrat – ich werde durch ihn nicht geschädigt.
Ich will ihm nicht nahekommen mit meinen Händen,
Ich will nicht auf ihn treten mit meinen Sohlen.
Mein Brot ist aus hellem Weizen,
Mein Bier aus gelber Gerste.
Die Nachtbarke und die Tagesbarke bringen es mir.
Was die Orte gespendet, ist auf der Platte niedergelegt –
Großer, Fährmann des Himmels, Kundiger.
Als die Hunde vereint, bin ich nicht schwach geworden –
Ich bin gekommen.
Ich werde retten vor denen, die Leiden angetan
An Knochen, Oberarm und Bein.
Ich bin gekommen, damit ich den Knochen bespeie,
Den Oberarm verbinde, das Bein strecke.
Die Rudermannschaft besteigt die Barke –
Die Sonne übernimmt das Kommando.

Cap. 103
Im Gefolge der friedlich Tanzenden sein

Ich bin einer, der rein vorübergeht,
Ein Kahlköpfiger, ein Musikant.
Ich befinde mich im Gefolge der friedlich Tanzenden.

Cap. 104
Sich zwischen die Großen setzen

Möge ich mich zwischen die Großen setzen –
Ich bin vorbeigezogen am Haus der Nachtbarke.
Die Tänzerin ist es, die mich geholt hat,
Um die Großen zu schauen, die im Totenreich sind.
Ich bin rein.

Cap. 105
Die ewige Seele zufriedenstellen

Sei gegrüßt, ewige Seele, meine Lebenszeit.
Siehe, ich bin zu dir gekommen, stark und glühend.
Ich bringe dir Natron und Weihrauch,
Ich will dich damit reinigen,
Ich will damit den Schweiß abwischen.
Jene Worte, die ich gesagt haben soll,
Jene Übeltat, die ich bewirkt habe –
Sie werden mir nicht angerechnet,
Denn ich bin jenes grüne Amulett am Hals der Sonne,
Das den Horizontbewohnern gegeben ist.
Gedeihen sie, gedeihe ich auch,
Werden sie gespeist, werde ich gespeist wie sie.
Wäge ab, rechtende Gerechtigkeit, die Nase erhoben zur Sonne.
Lasse meinen Kopf nicht von mir fortgenommen werden,
Ohne ihn habe ich kein Auge, das sieht, kein Ohr, das hört.
Ich bin kein Schlachttier.
Und nichts an mir ist ein Totenopfer für die Sterne.
Lasse mich vorbeiziehen – ich bin rein.

Cap. 106
Für Freude sorgen

Nahrungsspender, der über die oberen Häuser gebietet,
Der Brot gibt –
Gib mir doch Brot,
Gib mir doch Bier.
Mein Frühstück besteht
Aus einem Lendenstück und aus Gebackenem.
Fährmann des Binsengefildes,
Bringe mich doch zum Brot.
Bewache das Wasser wie deinen Vater, der im Schiff dahinfuhr.

Cap. 107
Das Tor kennen

Ich kenne das Tor in der Mitte des Himmels,
Aus dem die Sonne heraustritt,
Und das Tor im Osten.
Der Horizont endet im Süden, am See der Gänse,
Und im Norden, wo die Sonne aus dem Strudel heraussegelt.
Ich bin ein Bote im Schiff.

Cap. 108
Die westlichen Mächte kennen

Jener Berg, auf den sich der Himmel stützt, ist im Osten gelegen,
Messend
Dreihundert Ellen in der Länge und hundertfünfzig in der Breite.
Auf dessen Gipfel ist eine Schlange,
Messend
Dreißig Ellen in ihrer Länge.
Vor ihr drei Ellen aus Feuerstein, ein scharfes Messer bildend.
Ich kenne den Namen dieser Schlange,
‹Die voller Feuerglut› heißt sie.
Nach dem Mittag wendet sie ihr Auge gegen die Sonne,
Dann kommt es zum Stillstand in der Barke,
Zu lähmendem Entsetzen in der Mannschaft.
Die Schlange schlürft sieben Ellen vom großen Wasser.
Dann wird ein Speer von Erz in ihren Nacken gestoßen,
Dass sie alles erbricht, was sie zuvor verschluckt.
«Weiche vor dem spitzen Erz,
Ich stelle mich dir entgegen.
Das Schiff soll fahren.
Du, der von ferne blickt – schließe dein Auge
Und verhülle dein Haupt, damit ich übersetze.
Weiche von mir.
Verhülle dein Gesicht und kühle deine Oberlippe.
Ich bin der Zauberreiche.
Gegen dich ist mir die Kraft verliehen.
Wer bist du, auf dem Bauche gehend,
Dessen Stärke die Rückenwirbel sind?
Ich bin gegen dich vorgegangen,
Du bist in meiner Hand,
Ich bin es, der Kraft ausstrahlt.
Ich bin gekommen und beseitigt sind die Erdgeister.
Möge die Sonne für mich untergehen am Abend.
Wenn sie den Himmel durchquert, bist du in Fesseln.
Dies ist es, was zuvor gegen dich beschlossen wurde.»

Dann versinkt die Sonne im lebendigen Westen.
Ich kenne die Gründe, weswegen die Schlange bestraft wird,
Ich kenne die westlichen Mächte:
Die Sonne, den Berg und den Abend.

Cap. 109
Die östlichen Mächte kennen

Ich kenne jenes östliche Tor des Himmels,
Dessen Südseite der Teich der syrischen Gänse,
Dessen Nordseite das Wasser der Graugänse ist –
An dem Ort, an welchem die Sonne dahinfährt
Mit Segel und Ruder.
Ich halte die Segelleinen im Schiff,
Ich rudere unermüdlich in der Sonnenbarke.
Ich kenne jene beiden Sykomoren aus Türkis,
Zwischen denen die Sonne hervortritt, damit sie dahinziehe,
Ich kenne jedes Tor, aus dem sie heraustritt,
Ich kenne das Binsengefilde, seine erzenen Mauern.
Die Gerste ist fünf Ellen hoch,
Die Ähren messen zwei, die Halme drei Ellen.
Der Emmer ist sieben Ellen hoch,
Seine Ähren messen drei, die Halme vier Ellen.
Es gibt Verklärte – neun Ellen hoch sind ihre Binsen –,
Die in Gegenwart der östlichen Mächte ernten.
Ich kenne die östlichen Mächte:
Die Morgensonne, das Kalb und den Stern.

Cap. 110
Ersehnte Stätten, hiermit dorthin gelangen

Der Falke ist gepackt worden.
Ich habe die Sonne, angegriffen, gesehen.
Erlöst habe ich den Falken
Und die Wege der Sonne wurden aufgetan an jenem Tag,
Als der Wind ‹Den im Ei› leben ließ,
Als ‹Der im Mutterleib› gerettet wurde vor den Schweigenden.
Wahrlich, ich rudere in der Barke in den Gewässern,
Ich bin es, der sie geholt hat.
Die Sterne sind die Jahre,
Die Glieder sind die Jahreszeiten.
Ich rudere in den Gewässern
Und gelange zu den ersehnten Stätten.
Möge ich die Gefilde erreichen.
Gutes ist geschafft und Zufriedenheit erfüllt alles,
Die Kämpfenden sind befriedet,
Die Trauernden getröstet,
Der Streit der Jungen geschlichtet,
Die Verletzungen geheilt,
Das Licht vom Schatten getrennt.
Überfluss genießen die Verklärten.
Ich habe Macht über das Feld, das ich kenne.
Ich rudere in den Gewässern
Und gelange zu den ersehnten Stätten.
Mein Mund ist kräftig,
Die Verklärten haben keine Macht über mich gewonnen.
Ich sorge für das Feld.
Möge ich in ihm essen.
Möge ich in ihm trinken.
Möge ich in ihm pflügen.
Möge ich in ihm ernten.
Möge ich in ihm mahlen.
Möge ich in ihm zeugen.
Möge ich in ihm reich sein.

Kraftvoll ist mein Zauber in ihm.
In ihm werde ich nicht in Furcht versetzt und nicht geschlagen.
Froh ist mein Herz in ihm.
Ich vollende die Zeit und gewinne die Ewigkeit.
Es ist der Falke, tausend Ellen in der Länge,
Zweitausend Leben sind als Ersatz in seiner Hand.
Er kommt und geht nach dem Wunsch seines Herzens
In seinen Gewässern und seinen Stätten.
Er ernährt sich,
Er lässt sich auf der Insel nieder,
Keinerlei Geschrei herrscht,
Es gibt nichts Böses.
Ich bin hinausgegangen,
Ich habe bewirkt, was zu bewirken ist,
Ich habe den Stab ergriffen.
Ich bin lebendig,
Es gibt kein verwundetes Glied an mir.
Ich habe Freude bereitet,
Ich habe mein Haupt entblößt.
Die Sonne schließt die Augen
Und ich erwache.
Ich bescheine die Himmelsgewässer,
Des Nachts ruhe ich.
Mein Sinn ist wachsam,
Auf meinem Haupt die weiße Krone:
Ich werde die Oberen leiten,
Ich werde die Unteren gedeihen lassen.
Das Unwetter ist vertrieben,
Die Stimme erhoben,
Der Lobpreis gespendet.

Cap. 111
Die Mächte kennen

Jener Berg im Osten, auf den der Himmel gelehnt,
Auf jener Spitze befindet sich ihr Haus.
‹Er hat sich auf den Berg gestürzt› ist der Name der Schlange,
Dreißig Ellen ihre Länge,
Vor ihr ein Messer, vier Ellen lang.
Nach der Mittagsstunde wendet sich ihr Auge gegen die Sonne,
In allem nun eine Stille.
Fassungslos jener in der Barke,
Der Mörder wirft sich ihm entgegen.
Dann setzt er die Fahrt mutig fort,
Dann spricht er die Zauberworte:
«Die von ferne schaut, schließe die Augen, die ich verhüllt habe.
Ich bin der Mannhafte, der ihren Kopf bedeckt.
Ist sie heil, bin ich heil.
Ich bin die Kraft.»
Dieser Verklärte steht an meiner Seite,
Ich komme.
Am Abend entführe ich den Beschützer der Sonne,
Erhebe mich auf die linke Seite, so dass ich verjüngt bin wie sie,
Ewig und ewig soll ich nicht sterben.

Cap. 112
Nochmals – Die Mächte kennen

Die ihr in den Lagunen seid,
Im Sumpf,
Vogelstellerinnen, Schattenhafte,
Bierbrauerinnen, die ihr Brot knetet –
Wisst ihr es?
Ich weiß es, ihr wisst es nicht.
Die Sonne war es, die sprach:
«Lass mich sehen, was mit dem Auge geschehen ist»,
Und sie sah das Auge an.
«Blicke doch auf jenen schwarzen Eber.»
Noch schlimmer wurde die Verletzung des Auges:
«Mein Auge fühlt sich wie nach einem Schlag»,
Und er verschluckte sein Herz – bewusstlos.
«Legt ihn auf sein Bett, damit er wieder gesund wird.»
Die Sonne brannte die Wunde aus und sagte:
«Abscheu sei das Schwein, er soll genesen.»
So geschah es.
Die Erde grünte, der Aufruhr legte sich.
Ich kenne die Mächte: Der Geheilte ist es,
Auch der Beschützer der Leber und die Flut.
Erhebt die Gesichter,
Ich bin gekommen, auf dass ich gesehen werde.

Cap. 113
Die Mächte des Südens kennen

Ich kenne das Geheimnis des Südens.
Es ist der Falke und das, was seine Mutter seinetwillen tat.
Sie sprach:
«Ihr sollt die von mir Abgetrennten sein,
Die fern sind, nachdem sie zerbrochen wurden.»
Und die Sonne sprach:
«Wie verstümmelt ist dieser Falke
Wegen dessen, was seine eigene Mutter ihm angetan.
Holt die Schlange, die Herrin der Gewässer,
Damit sie die Arme uns bringe.»
Als sie die Arme gefunden,
Ließ die Mutter sie wieder an der richtigen Stelle anwachsen.
Dann sprach die Schlange, die Herrin der Gewässer:
«Ich habe gesucht und habe etwas gefunden,
Doch es entschlüpfte meinen Fingern am Rand des Wassers.
Da habe ich die Arme mit der Reuse gefangen.»
So entstand die Reuse.
Und die Sonne sprach:
«Wozu besitzt die Schlange Fische
Und findet die Arme des Falken?»
So entstanden die Fische.
Und die Sonne sprach weiter:
«Haltet das Geheimnis für euch,
Diese Reuse, welche die beiden Arme zurückgeholt hat.
Nur zu Beginn und in der Mitte des Monats werde sie enthüllt,
Wenn Fische gefangen werden.
Ich übergebe den Ort dem Falken als Stätte seiner beiden Arme.»
Dann sprach der Falke:
«Gib mir aber zwei meiner Söhne mit,
Damit ich sie bewache, diese Rebellen.
Sie sollen hier mir unterstellt sein.»
Und die Sonne sprach:
«Setzt sie dorthin, in die Dunkelheit,

Damit ihnen getan, was allen getan,
Dann werden sie mit dir sein.»
Ihr Mächte des Südens, ich begebe mich zu euch,
Öffnet mir den Knoten.
Ich kenne die Mächte des Südens:
Den Falken und zwei seiner Söhne.

Cap. 114
Die Mächte des Nordens kennen

Die Feder liegt auf der Schulter,
Die rote Krone erglänzt in der Schale,
Das Auge ist erleuchtet.
Ich bin darin eingeweiht und habe Zutritt zu ihm,
Ich weiß es und habe nichts gesagt
Und habe nichts berichtet.
Mit einer Botschaft komme ich nun,
Um die Feder an der Schulter zu befestigen,
Damit die rote Krone in der Schale erglänze,
Um das Auge zu prüfen.
Ich bin gekommen,
Ich wünsche zu wissen, was ihr wünscht.
Ich weiß, dass die Feder stark, schwarz und geprüft ist,
Ich freue mich, dass das Geprüfte geprüft ist.
Seid gegrüßt, ihr Mächte,
Ich weiß, wie klein der Neumond ist
Und wie groß der Vollmond.
Die Sonne kennt das Geheimnis der Nacht,
Und der Schreiber hat mir davon berichtet.
Seid gegrüßt, ihr Mächte.

Cap. 115
Zum Himmel herausgehen, das Tor öffnen, die Mächte kennen

Gestern war ich groß unter den Großen,
Mit den Gestaltgewordenen habe ich Gestalt angenommen.
Wer das Auge auf die Sonne richtet,
Erschließt das Wesen der Finsternis.
Ich bin einer von euch.
Ich kenne die Mächte des Nordens,
Ich werde nicht bedrängt.
Ich habe gesprochen,
Ich weiß, weshalb für Männliche eine Locke gemacht wurde.
Die Sonne sprach zu dem, der in ihrer Nähe war –
Da war ihr Mund verletzt.
So entstand die Verminderung der Mondsichel am zweiten Tag.
Darauf sagte die Sonne zu dem, der in ihrer Nähe war:
«Nimm den Speer, das Erbe der Menschen.»
So entstanden das Geschwisterpaar und das Firmament.
So entstand das Vorbeigehen der Sonne.
Es geschah, dass ihr Leinenstoff rot gefärbt wurde,
Ihre Gestalt verwandelte sich in eine Frau mit Lockenfrisur.
So entstand ‹Der mit der Haarflechte›,
Entblößt wurde der, der mächtig ist in seinem Haus.
So entstand ‹Der Entblößte›.
Als ihm das Erbe zuteilwurde, war groß, was er schaute:
Er wurde zum Größten der Schauenden im Norden.
Ich kenne die Mächte des Nordens:
Die Sonne, die Luft und das Feuer.

Cap. 116
Abermals – Die Mächte des Nordens kennen

Die rote Krone erglänzt in der Schale,
Die Feder ist herausgezogen aus der Schulter,
Das Auge wurde vom Prüfenden verzehrt.
Ich kenne das und bin eingeweiht.
Niemandem habe ich es gesagt,
Niemandem berichtet.
Ich bin eingetreten als Unwissender,
Ich habe das Geheimnis geschaut.
Seid gegrüßt,
Möget ihr mich kennen, wie ich die rote Krone kenne,
Möge das schwarze Auge wiederhergestellt werden.
Ich freue mich, dass der Geprüfte geprüft ist.
Ich kenne die Mächte des Nordens:
Es ist der Wissende, die Erkenntnis und die Sonne.

Cap. 117
Den Weg nach der untern Welt einschlagen

Der Weg ist über mir in der untern Welt.
Der Älteste setzte mir die Krone auf.
Ich bin gekommen, gekommen bin ich.
Offen steht mir der Weg in der untern Welt,
Gelindert sind die Leiden.
Ich lasse entstehen, verlasse den Thron,
Gehe den Weg durch das Wüstental und das fruchtige Land.
Möge mir der Weg gebahnt sein.
Ich bin schließlich ich.

Cap. 118
In die untere Welt gelangen

In der untern Welt geboren,
Würdig und verklärt,
In die untere Welt bin ich wieder gelangt.
Möge ich ein hohes Alter erlangen
Und über die beiden Hügel geführt.

Cap. 119
Herausgehen aus der untern Welt

Ich habe für mich das Licht angezündet,
Ich bin gekommen,
Möge ich hier sein.
Möge ich das Ausgeflossene reinigen,
Mir einen Namen schaffend.
Seid gegrüßt, erhebt euch
In eurer Macht und eurer Stärke,
Den Himmel umkreisend.
Möge euch das Volk sehen.
Siehe, ich habe zu euch gesprochen,
Was ich gesagt, geschieht.
Niemand drängt mich zurück.

Cap. 120
Sich wandelnd: Eintreten und wieder herausgehen

O, ich hüte die Geheimnisse,
Das Zepter, den Stab und die Waage.
Siehe, ich hacke die Erde,
O, lasse mich, alt und schwach, kommen.

Cap. 121
Sich wandelnd: Wieder eintreten nach dem Herausgehen

Als Falke eintretend, als Phönix herausgehend.
Morgenstern, bereite den Weg.
Sonne, leuchte im Westen.
Frei der Weg.
Ich bin.

Cap. 122
Wieder eintreten nach dem Hinausgehen

Öffne mir. –
«Wer bist du? Wo bist du entstanden?»
Ich bin einer von euch.
Ich kenne den Namen des Fährmannes:
‹Seelenversammler› heißt er,
‹Haarkämmer› ist der Name der Ruder,
‹Wie erwachend› ist der Name des Vordertaus,
‹Mit schlechtem Geruch› ist der Name des Steuerruders,
‹Genaues und Gerades› ist der Name der Schöpfkelle.
Mir gehört alles und ist mir übergeben.
Als Falke eingetreten,
Als Phönix hervorgekommen.
Morgenstern, bahne den Weg.
In Frieden gehe ich in den Westen ein
Und betrete den Garten.

Cap. 123
In das große Haus eintreten

Seid gegrüßt.
Ich bin es, der die beiden Streitenden getrennt hat.
Ich habe den Kampf beendet, den Kummer betäubt,
Ergriffen den Fisch, als er entwich.
Ich führte aus, was befohlen.
Die Nacht habe ich im Innern meines Auges verbracht.
Frei von Unheil bin ich,
Gekommen, damit ich gesehen werde.

Cap. 124
Ins Tribunal hinabsteigen

Eine Festung habe ich gebaut,
Möge ich gedeihen.
Ich pflüge meine Äcker.
Früchte tragend steht die Palme auf ihnen.
Mein Abscheu, mein Abscheu.
Ich werde meinen Abscheu nicht essen –
Mein Abscheu ist Kot,
Ich esse ihn nicht.
Und der Unrat –
Ich komme durch ihn nicht zu Fall.
Mit meinen Händen berühre ich ihn nicht.
Mit meinen Sohlen trete ich nicht auf ihn.
Mein Brot ist aus hellem Weizen,
Mein Bier aus gelber Gerste,
Der Nacht und des Tages Barken bringen es mir.
Möge ich unter dem Geäst der Tamarisken essen und trinken.
Ach,
Mögen die Verheißungen der weißen Krone ausgeführt werden.
Möge ich erhoben werden von den Schlangen.
Türhüter, der die Länder befriedet,
Erhebe den Fußboden unter mir,
Der Sonne Glanz öffne die Arme.
Die Erschaffenden schweigen – das Himmelsvolk spricht zu mir.
Möge ich mächtig sein im Himmel.
Wer mir entgegentritt, werde vom Licht verspiesen,
An den Vorläufer der Sonne überwiesen,
Der den Himmel umkleidet mitten unter den Ältesten.
Auf der Sonnenscheibe bin ich eingetreten,
Beim Mond herausgekommen.
Des Himmels Volk spricht zu mir,
Schrecken vor mir herrscht in der Finsternis.
Dort, in der großen Flut, bin ich.
Inmitten der Ältesten ist meine Sitzmatte.

Ich spreche und berichte:
«Die Ordnung, die Gerechtigkeit, die Wahrheit –
Mögen aufsteigen,
Zu allen, die sie lieben.»

Cap. 125
Worte in der großen Halle zu sprechen

«Seid gegrüßt. Ich bin gekommen,
Ich bin geholt worden, um die Vollkommenheit zu schauen.
Ich kenne die Namen, ich kenne euch alle,
Ihr, die Schönheit, die Wahrheit, ihr Alles,
Lebend von denen, die des Bösen sind,
Sich nährend von deren Blut
Am Tag des Urteils.
‹Ihr, deren beide Augen eure Töchter seid› ist mein Name.
Ich bin gekommen.
Ich habe das Recht gebracht,
Ich habe das Unrecht vertrieben.
Ich habe keine Untat gegen Menschen begangen,
Kein Tier misshandelt.
Ich habe nichts Böses anstelle des Rechten getan.
Ich kenne nicht, was es nicht gibt,
Nichts Schlechtes habe ich erblickt.
Ich habe von andern nicht mehr gefordert, als ich geleistet.
Mein Name gelangte nicht vor den Leiter der Barke.
Niemanden habe ich beleidigt,
Keinem Waisenkind sein Eigentum geschädigt,
Nichts getan, was verabscheut wird,
Keinen Diener beim Vorgesetzten verleumdet,
Kein Leid zugefügt oder hungern lassen,
Niemanden zum Weinen gebracht.
Ich habe nicht getötet.
Ich habe auch nicht zu töten befohlen.
Die Gaben nie vermindert,
Der andern Brote nie angetastet,
Der Toten Kuchen nicht weggenommen,
Mit keinem Buhlknaben verkehrt,
Keine Unzucht getrieben,
Das Hohlmaß nicht vermindert,
Das Flächenmaß nicht geschmälert,

Am Ackerland nichts verändert,
Zu den Gewichten der Waage nichts hinzugefügt,
Das Lot nicht verschoben,
Die Milch nicht dem Säugling genommen,
Das Vieh nicht von der Weide getrieben,
Keinen Vogel im Sumpfdickicht gefangen,
Keinen Fisch in der Lagune,
Die nährende Flut nicht zurückgehalten,
Keinen Damm dem fließenden Wasser entgegengestellt,
Kein wärmendes Feuer ausgelöscht,
Keine fälligen Abgaben versäumt,
Nie die Viehherden zurückgehalten.
Ich bin rein, rein bin ich.
Rein bin ich, ich bin rein.
Rein wie ein großer Phönix.
Ich bin der Atem, der alle Wesen mit Leben erfüllt.
Ich habe das alles sehende Auge gesehen.
Nichts Böses kann mir in diesem Land zustoßen.
Ich kenne die Namen, hört:

I ‹Weitausschreitender›, ich habe kein Unrecht getan.
II ‹Flammenumarmer›, ich habe nicht geraubt.
III ‹Du mit dem Schnabel›, ich bin nicht habgierig.
IV ‹Schattenverschlinger›, ich habe nicht gestohlen.
V ‹Schreckgesicht›, ich habe keinen Menschen getötet.
VI ‹Löwenpaar›, ich habe das Maß nicht beschädigt.
VII ‹Feuerauge›, ich habe kein Unrecht begangen.
VIII ‹Brennender›, ich habe niemandes Eigentum mir angeeignet.
IX ‹Knochenzerbrecher›, ich habe nie Unwahres gesagt.
X ‹Flammenreicher›, ich habe keine Nahrung gestohlen.
XI ‹Grubenbewohner›, ich habe kein Geschrei gemacht.
XII ‹Weißzahn›, ich habe nicht gefrevelt.
XIII ‹Blutfresser›, ich habe kein Vieh getötet.
XIV ‹Eingeweidefresser›, ich habe keine Vermessung behindert.
XV ‹Wahrhaftiger›, ich habe das Zugeteilte nicht veruntreut.
XVI ‹Irrender›, ich habe niemanden belauscht.
XVII ‹Glänzender›, ich habe nicht unüberlegt geredet.
XVIII ‹Üble Schlange›, ich habe nur um meinen Besitz gestritten.

XIX ‹Schlächterschlange›, nie eine verheiratete Frau beschlafen.

XX ‹Sehend Holender›, ich habe keine Unzucht getrieben.

XXI ‹Höchster der Ältesten›, ich habe keinen Schrecken erregt.

XXII ‹Umstürzender›, ich habe keinen Schaden verursacht.

XXIII ‹Der mit gewaltiger Stimme›, ich bin nicht hitzig gewesen.

XXIV ‹Kindlicher›, nie mich gegen gerechte Rede taub gestellt.

XXV ‹Verkündende Stimme›, ich habe keinen Streit entfacht.

XXVI ‹Finsterling›, ich habe nicht einem andern zugeblinzelt.

XXVII ‹Hintersichschauer›, mich nie an einem Knaben vergangen.

XXVIII ‹Heißfuß›, ich bin nicht nachlässig gewesen.

XXIX ‹Verhüllter›, ich habe mich nicht gestritten.

XXX ‹Holender›, ich bin nie gewalttätig gewesen.

XXXI ‹Vielgesichtiger›, ich bin nie jähzornig gewesen.

XXXII ‹Ankläger›, ich habe nicht meine Grenzen überschritten.

XXXIII ‹Doppelhorn›, ich bin bei keiner Rede geschwätzig gewesen.

XXXIV ‹Lotusblume›, nichts Schlechtes habe ich getan.

XXXV ‹Nichts Übriglassender›, ich habe niemanden verzaubert.

XXXVI ‹Der seinen Willen tut›, nie mich auf das Wasser gestützt.

XXXVII ‹Musikant›, ich habe meine Stimme nicht erhoben.

XXXVIII ‹Befehlender›, ich habe niemand verleumdet.

XXXIX ‹Verleiher des Guten›, ich habe mich nicht aufgeblasen.

XL ‹In der Höhle Wohnender›, ich bin nicht anmaßend gewesen.

XLI ‹Hochgereckte Schlange›, nicht groß sind meine Bedürfnisse.

XLII ‹Herbeiholender›, ich habe keine Schande bereitet.

Seid gegrüßt. Ich kenne die Namen.

Ich verfalle nicht dem Gemetzel.

Das Schlechte steigt an mir nicht auf.

Keine Verfehlung zeigt sich.

Recht werde hier gesprochen,

Wie ich dort Recht gesprochen.

Ich bin gekommen.

Kein Unrecht, keine Schuld ist an mir,

Nichts Böses ist an mir, kein Zeugnis gegen mich.

Niemand, gegen den ich mich vergangen,

Ich lebe von Wahrheit, Wahrheit nährt mich.

Ich habe getan, was mir geraten,

Ich habe zufriedengestellt, wer begehrte,

Brot gab ich den Hungrigen,
Wasser den Dürstenden,
Kleider den Nackten,
Ein Boot den Gestrandeten,
Gaben den Bedürftigen.
Möge ich gerettet, geschützt werden.
Mein Mund ist rein, rein meine Hände.
Überall willkommen.
Jede Rede habe ich gehört,
Auch den Esel und den Kater im Haus.
Mein Zeuge sei der Fährmann.
Ich bin gekommen, um die Waage ins Gleichgewicht zu bringen.
Ich bin rein.
Mein Herz ist rein.
Meine Hinterseite ist rein.
Meine Mitte ist das Maß,
Alles an mir ist Ordnung.
Ich habe mich im südlichen See gereinigt,
Niedergelassen in der nördlichen Siedlung, im Heuschreckenfeld.
Ich reinigte mich
In der Nacht zweiten und des Tages dritten Stund.
Erfreut ist, wer vorübergeht.»
«Lass ihn kommen», wird mir gesagt.
«Wer bist du?», wird gefragt, «wie der Name?»
«Ich bin wie die Wurzel des Papyrus.
‹Der im Ölbaum› ist mein Name.»
«Wo bist du vorbeigegangen?»
«Ich ging vorbei an der Stätte nördlich des Dickichts.»
«Was hast du gesehen?
«Ein Bein war es und ein Schenkel», sage ich.
«Was hast du zu ihnen gesagt?»
«Ich habe Jauchzen in jenen Ländern der Phönizier gesehen.»
«Was haben sie dir gegeben?»
«Eine Feuerflamme und ein Amulett aus Fayence.»
«Was hast du damit getan?»
«Ich begrub alles am Ufer des Gewässers.»
«Was hast du dort gefunden?»

«Ein Zepter aus Feuerstein war es, ‹Atemgeber› sein Name.»
«Was hast du getan, nachdem alles begraben?»
«Ich nahm alles wieder zu mir, löschte das Feuer,
Zerbrach das Amulett.»
«So komm und tritt ein in das Tor der Halle der Wahrheit,
Du kennst uns.»
«Du kannst hier nicht eintreten, unseren Namen nicht nennend»,
So die Pfosten des Tores.
«‹Das Lot an der richtigen Stelle› ist euer Name.»
«Du kannst nicht eintreten, meinen Namen nicht nennend»,
So der rechte Flügel des Tores.
«‹Waagschale, die Gerechtigkeit wiegend› ist dein Name.»
«Du kannst nicht eintreten, meinen Namen nicht nennend»,
So der linke Flügel des Tores.
«‹Weinschale› ist dein Name.»
«Du kannst hier nicht gehen, meinen Namen nicht nennend»,
So die Schwelle des Tores.
«‹Ochse der Erde› ist dein Name.»
«Dir wird nicht geöffnet, meinen Namen nicht nennend»,
So der Riegel des Tores.
«‹Zehe deiner Mutter› ist dein Name.»
«Dir wird nicht geöffnet, meinen Namen nicht nennend»,
So das Schloss des Tores.
«‹Lebensauge› ist dein Name.»
«Du trittst hier nicht ein, meinen Namen nicht nennend»,
So der Türhüter des Tores.
«‹Brust der Lüfte› ist dein Name.»
«Du kannst nicht eintreten, unseren Namen nicht nennend»,
So die Querhölzer des Tores.
«‹Kinder der Kobra› ist euer Name.»
Es verkündet eine Stimme: «Du kennst uns, zieh ein bei uns.»
«Du kannst nicht mich betreten, meinen Namen nicht nennend»,
«Warum nicht? Ich bin rein.»
«Ich kenne deine Füße nicht, mit denen du mich betrittst.»
«‹Fackel der Fruchtbarkeit› heißt mein rechter Fuß,
‹Ausgerissene Schwester› mein linker Fuß.»
Es verkündet eine andere Stimme: «Du kennst uns, tritt ein.»

«Du wirst nicht angemeldet, meinen Namen nicht nennend»,
So der Türhüter der Halle.
«‹Herzen Erkennender, Leiber Erforschender› ist dein Name.»
«Wem soll ich dich anmelden?»
«Sage es dem Dolmetscher der beiden Länder.»
«Wer ist das?»
«Der Dolmetscher der beiden Länder, der alles Wissende.»
Dessen Stimme erhebt sich: «Komm, weshalb bist du hier?»
«Gekommen bin ich, um angemeldet zu werden.»
«Wie bist du beschaffen?»
«Ich bin rein, habe mich ferngehalten von allem Streit.»
«Wem soll ich dich anmelden?»
«Meld mich an, dessen Decke das Feuer,
Dessen Mauern die Schlangen
Und dessen Fußboden das Urwasser.»
«Wer ist das?»
«Es ist!»
Die dritte Stimme erhebt sich: «Zieh dahin, du bist angemeldet,
Dein Brot sei das Auge, dein Bier sei das Auge,
Deine Gabe sei das Auge.
Hier wird dir nichts zustoßen.»

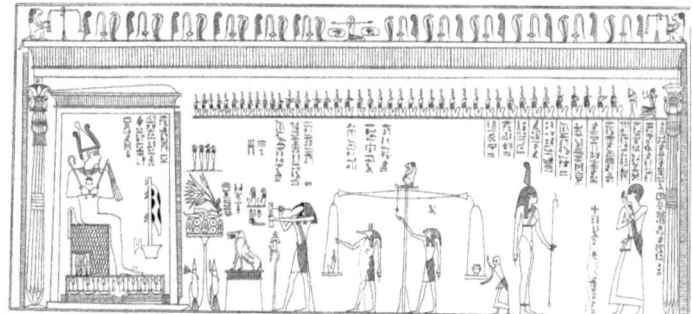

Cap. 126
Worte zu sprechen I

«Ihr vier Paviane,
Am Bug der Barke sitzend,
Nach Gerechtigkeit strebend,
Zwischen Elenden und Mächtigen entscheidend,
Mit eurem Hauch besänftigend,
Gaben austeilend,
Von Wahrheit lebend und von Wahrheit sich nährend,
Ihr, mit rechtschaffenen Herzen, ohne Lüge,
Deren Abscheu das Unrecht.
Ihr vier Paviane,
Beseitigt das Übel an mir, zerstört das Unrecht,
Kein Unheil von mir gelange zu euch.
Lasst mich das Tor öffnen,
Lasst mich eintreten und die Tore des Westens durchschreiten.
Ein Kuchen, ein Krug Bier und ein Laib Brot
Sollen mir gegeben werden.»
«Komm doch und gehe hin.
Was dich verletzen könnte, ist beseitigt,
Das Übel, das dir anhaftet, ist vertrieben.
Durchschreite die Tore des Westens,
Dir wird Kuchen gegeben, ein Krug und ein Laib.
Du gehst aus und ein,
Wie es dir beliebt, wie all die Berufenen.»

Cap. 127
Zum Tribunal hinabsteigen

Seid gegrüßt in der Höhle, im Westen,
Türhüter und Wächter,
Meldung erstattend.
Seid gepriesen, ihr, den Feind vernichtend.
Seid erleuchtet, ihr, die Finsternis vertreibend.
Ihr seht das Unnahbare und lebt wie es,
Zur Sonnenscheibe blickend.
Möget ihr mich zu den Wegen leiten,
Damit ich die Geheimnisse ergründe.
Ich bin einer von euch.
Ich habe das Böse bekämpft,
Das Unheil im Westen geschlagen.
«Gerecht ist deine Stimme gegen deine Feinde.»
«Gerecht ist deine Stimme gegen deine Feinde
Im Himmel und in der Erde, im Tribunal.
Du triumphierst.»
Türhüter, Türhüter,
Die die Tore bewachen,
Die die Wesen einsaugen,
Die die Schatten verschlingen, die an euch vorbeikommen.
Geleitet mich.
Möget ihr mir die Tore öffnen,
Schließt die Erde und ihre Höhlen auf.
«Geöffnet sind die Tore von Himmel, Erde und Unterwelt.»

Cap. 128
Worte zu sprechen II

Der Sohn, Zierde für den Vater,
Die Mutter, vereint mit der Schwester,
Erhebe dich, der Mutter und des Vaters Sohn,
Schütze die beiden.
Ich komme, auch ich bin ein Sohn,
Beschütze euch an diesem Tag.
Ich bringe Brot, Bier, Fische und Geflügel.
Erhebet euch.
Ich schlage alle die Feinde nieder.
Ich bin der Sohn an diesem schönen Tag.
Vater und Mutter, kommt gemeinsam zu mir,
Öffnet die Wege.
Ich komme, unterwerfe alle die Feinde.
Ihr seid über allem erhaben.
Empfanget die Keule, das Zepter und den Thron.
Mögen wir allen Nahrung bringen,
Denen in ihren Gräbern Speisen zuführen,
Mögen wir allem Größe verleihen.

Cap. 129 (Variante zu Cap. 100)
*Einen Verstorbenen auszeichnen und ihn in die Barke zusammen
mit seinem Gefolge einsteigen lassen*

Ich habe den Jäger übergesetzt,
Ich habe die Grotten geöffnet,
Ich habe der Sonne den Weg gebahnt.
Ich habe den Toten auf seinem Schlitten gezogen,
Ich habe die Schlange gestärkt,
Ich habe die Sonnenscheibe besungen.
Ich habe mich den Sonnenaffen zugesellt, bin einer von ihnen,
Ich habe mich zum Gefährten der Mütterlichen gemacht,
Ich habe die Taue festgebunden.
Ich habe die Finsternis zurückgedrängt,
Die Sonne hat mir ihre Arme entgegengestreckt,
Ich bin stark, das Auge heil, stark das Auge, heil bin ich.
Wer immer mich von der Sonnenbarke fernhält,
Wird vom Auge des Fisches ferngehalten.

Cap. 130
*Abermals – Einen Verstorbenen auszeichnen und ihn in die Barke
zusammen mit seinem Gefolge einsteigen lassen*

Der Himmel steht offen, offen die Erde,
Offen der Westen, der Osten offen,
Der Süden offen, offen der Norden.
Die Türen sind geöffnet, geöffnet die Tore.
Die Sonne möge aus dem Horizont hervortreten.
Offen stehen die Türen der Nachtbarke,
Die Tore der Tagesbarke sind aufgetan.
Luft wird eingeatmet, ausgeworfen das Feuer.
Ich ergreife den Stab und erhebe die Stimme.
Das Seil ist geknotet, umschnürt der Schrein.
Kein Unwetter, kein Sturm, keine Überflutung.
Niemand wehrt mich ab, niemand hält mich zurück.
Ich werde nicht im finstern Tal wandeln,
Den See der Verdammten betreten,
Keinen Augenblick in der Hitze verbringen.
Ich werde nicht zu Fall kommen
Und entkomme dem Gesichtslosen hinter der Schlachtbank.
Wehe euch, ihr Knienden,
Die Messer sind verborgen,
Der Erde Arme ruhen über der Morgenfrühe.
Der Schreiber im Innern tätig,
Das Firmament, gereinigt, eröffnend.
Gepackt habe ich den Stab, das Kopftuch erhalten.
Die Strecke vor mir ist lang,
Die Barke bereit zur Überfahrt.
Ich werde nicht schifflos sein,
Nicht gehindert werden auf der großen Fahrt.
Meine Worte werden gehört.
Sonne, sei gegrüßt.
Ich bin gekommen,
Wahrheit kündend, im Firmament des Westens,
Des Chaos Wüten ist beendet.

Ich bin ins Tribunal hinabgestiegen.
Ich ergreife das Schriftstück, die Speisen.
Ich statte den Schreiber aus mit dem, was bereitet.
Die Barke möge aufnehmen, der beurteilt worden im Tribunal.
Von Jubel begleitet möge sie dahinfahren.
Der Sonne Glanz möge sie begleiten.
Wahrheit und Gerechtigkeit erstrahlen,
Lobpreis spendend.
Ich werde empfangen, der Himmel von Wolken befreit.
Ich stehe da mit dem, was ich getan.
Möge ich all die Schönheit erblicken.
Das Steuerruder ist befestigt,
Möge die Barke den Himmel durchfahren.
Möge das Morgenrot aufgehen.
Inmitten des Auges, sitzend in der Barke, aufs Neue entstehend,
Den Himmel nach Westen durchfahrend.
Die Feurigen erheben sich, Jubel von überall.
Das Bugtau wird ergriffen.
Die Sonne zieht einher – in Frieden, in Frieden.
Ich werde nicht abgewiesen,
Aufgehalten oder gepackt vom Gluthauch,
Nicht wandle ich auf dem Weg der Wütenden.
Nicht ergreift mich das Krokodil.
In der Barke thronend,
Würdenzeichen empfangend, weise ich den Weg,
Leite den Stern.
Die Barke erreicht den Ort, ihr Ziel.

Cap. 131
Sein im Sein

Ich folge der Sonne, die leuchtet in der Nacht,
Lebend alle in ihrem Kreis.
Möge das Licht in der Nacht erscheinen,
Mögen die Feinde vertrieben sein.
Ich folge der Sonne.
Aus der Leere bin ich gekommen,
Der Schlange habe ich zugerufen, jeden Schadenstifter bestraft.
Zu den Fernen des Horizonts bin ich gelangt.
Ich erhebe mich, verkünde die Weisungen der Sonne.
Seid gegrüßt im Osten.
Vorüberzieht der Falke.
Ich steige ein in die Barke.
Die Befehle erlasse ich, schlage mit dem Zepter und dem Stab.
Ich steige ein in die Barke und fahre in Frieden westwärts.

Cap. 132
Veranlassen, sich umzuwenden und das Haus wiederzusehen

Ich bin der Löwe, mit dem Bogen ausgezogen,
Ich habe geschossen, habe gefesselt.
Ich bin das Auge.
Erreicht habe ich das Ufer,
Ich bin dahingegangen, kein Tadel ist an mir gefunden.
Keine Verfehlung liegt auf der Waagschale.
«Dreh dich um, komme in Frieden.»

Cap. 133
*Den Verklärten auszeichnen – Worte, am Monatsanfang zu
sprechen*

Die Sonne erscheint am Horizont,
Heraustretend aus verborgenem Ort,
Mit ihr das Gefolge.
Ein Zittern befällt den östlichen Himmel
Auf die Stimme derer hin, die ihr den Weg bereiten,
Damit sie dahinfahre.
Erhebe dich, Sonne,
Damit du den Windhauch schmeckst, den Nordwind schluckst.
Mögest du das Rückgrat einsaugen und den Tag einfangen.
Mögest du mit der Barke gen Westen fahren.
Mögen die Ältesten auf dein Erscheinen hin sich regen.
Mögest du die Knochen zählen, die Glieder zusammenraffen.
Dein Gesicht dem Westen zugewandt,
Kommst du erneuert, Tag für Tag.
Du bist jenes goldene Bild, umrandet von goldenen Zweigen.
Der Himmel bebt, wenn du dahineilst, Tag für Tag.
Es jubelt der Horizont, gespannt sind deine Seile.
Wer dich, Sonne, lobpreist, ehrt auch dich hier unten.
Du bist ein Großer, sich um der Sonne Krone kümmernd,
Du bist makellos, unversehrt auf Erden wie im Totenreich.
Wachend wie die Sonne, Tag für Tag.
Du wirst nicht zurückgehalten, wirst nicht müde, ewiglich.
Wie schön, mit Augen zu sehen, den Wohlklang im hörend Ohr.
Wie schön, mit den Ohren zu hören, das Ebenmaß vor Augen.
Du, in der Sonne Gefolge,
Hast nicht weitergesagt, was du gesehen,
Nicht weitererzählt, was du im Geheimen gehört hast.
Jauchzen und Jubel gelten dir beim Überqueren der Urflut:
Du, ein Falke von großer Gestalt.

Cap. 134
Abermals Worte, einen Verstorbenen auszuzeichnen

Sei gegrüßt in deinem Schrein,
Du, der aufgehend aufgeht, der strahlend erstrahlt,
Der spricht, damit Millionen mit ihm jubeln,
Der sein Antlitz dem Sonnenvolk zuwendet.
Der Mistkäfer inmitten der Barke,
Die Schlange der Dunkelheit bezwingend, Tag für Tag.
Ihr Kinder der Erde werdet die Feinde niederwerfen,
Die Feinde, welche die Sonnenbarke angreifen.
Ihre Köpfe sind abgeschnitten, zum Himmel geflogen als Vögel,
Ihre Hinterteile sind als Fische ins Gewässer geworfen.
Alle, die den vom Himmel Steigenden, oder
Alle, die den aus der Erde Hervorgehenden angreifen wollen,
Ob aus dem Wasser kommend oder mit den Sternen dahineilend,
Werden geköpft.
Seid stumm, schweigt, seid taub.
Durch Schrecken, durch Gewalt ist sein Ansehen gestiegen,
Der, der sich in eurem Blut reinigt,
Der, der sich in eurem roten Saft badet.
Alle, die ihn angreifen wollen in der Barke der Sonne –
Er ist das Licht,
Die Mütterliche hat ihn geboren,
Die Beschützende hat ihn aufgezogen,
Den Feind fernhaltend –
Wenn sie ihn mit der Krone auf dem Haupt erblicken,
Fallen auf ihr Gesicht.
Er triumphiert über die Feinde
Im oberen Himmel und im untern Himmel,
Im Tribunal.

Cap. 135
Zu sprechen, wenn sich der Mond zu Beginn des Monats verjüngt

Öffne dich, Gewölk, das den Himmel erblinden lässt.
Lasse den Falken fliegen.
Da bin ich, Sonne.
Der Tag ist gekommen,
Los bin ich aller Bande.

Cap. 136A
In der Sonnenbarke fahren

Siehe, das Sternenvolk ist da,
Das Sonnenvolk, der Kinder tausend,
Der Sonne die Binde knotend, das Horn erhoben,
Wiedergeboren alle.
Ich werde die Werft öffnen,
Die Barke, mit Lotusblüten geschmückt, herausführen.
Ich werde zum Himmel fahren,
Dahinziehen am unendlichen Gewölbe.
Der Affe wird nahen, an jener Treppe des innersten Planeten.

136B
In der Sonnenbarke fahren und am feurigen Hofstaat vorbeigehen

Das Feuer, das lodert und um die Sonne geflochten ist –
Das Unwetter fürchtet die Sonnenbarke –
Mögest du lodern.
Ich bin heute gekommen,
Mit mir der ‹Mit dem abgewaschnen Gesicht›,
Seinen Kopf mit einem Band umwindend.
Ich habe die gesehen, die dahingehen vor dem Doppellöwen.
Die vielen, in ihren Sarkophagen, im Binsengefilde.
Und wir jubelten,
Die Greise jauchzten, die Jungen johlten.
Den Weg der Barke bahnend,
Emporgehoben durch die Sonne,
Leuchte ich in ihrem wahren Glanz.
«Wer ist das denn?» – Es ist der Falke.
Für ihn wird bezeugt:
«Ich habe den Schaden an ihm beseitigt,
Ihn zum Feuer gebracht, damit er sich wärme.»
Er soll sagen:
«Geh und komm, geh und komm.»
«Komm», rufe ich in der Abendstunde.
Ich bin gekommen,
Ich bringe die beiden Kiefer aus dem Wüstenland,
Bringe das Rückgrat,
Ich habe die Glieder versammelt, die Wunden bespien.
Bahnt mir den Weg, dass ich vorbeiziehe.
«Komm und gehe vorüber. Die Barke der Erkenntnis fahre dahin.
Es ist die Flamme, die die Flamme löscht.»
Gebt mir den Weg frei,
Möge ich den Horizont betreten,
Möge ich an allen vorbeiziehen.
Auf euer Gesicht, ihr Schlangen.

Cap. 137
Eine Fackel anzünden

Ich komme zu dir, du zu mir,
Die Nacht kommt nach dem Tag, der Tag nach der Nacht.
Es ist gekommen, ich habe es kommen lassen,
Jenes Auge.
Es ist angekündigt,
Es ist unversehrt.
Das Auge ist dein Schutz,
Alle Feinde hat es zu Fall gebracht.
Alle Feinde sind gefallen.
Es kommt das Auge, unversehrt,
Strahlend wie die Sonne am Horizont.
Machtlos sein Feind, der es geraubt und weggebracht.
Seine Gluthitze verbrennt ihn.
Was er isst, ist allein sein Schmerz.
Die Fackel soll brennen, leuchten.
Das Auge sei dein Schutz,
Alle Feinde mögen zu Fall gebracht werden.
Alle Feinde mögen fallen.
Ich will leben, die Fackel anzünden, erheben.
Erhoben wie du.

Cap. 138
Sich in der Versammlung vereinen

Ihr, vollzählig versammelt,
Kommt alle jubelnd herbei bei meinem Nahen.
Ich bin geprüft,
Ich bin der Herr von Fruchtland und Wüste.
Alles halte ich fest, ungezwungen, nicht bezwingbar,
Dessen Auge wütet,
Der gerettet Vater und Mutter,
Der seine Feinde geschlagen und den Räuber vertrieben,
Der die Macht des Bösen gebändigt –
Ein Herrscher und ein Fürst,
Der das Reich des Vaters und der Mutter friedlich übernommen.
Ich bin gerichtet,
Meine Rede ist wahrhaftig,
Ich habe die Macht über die Feinde.
Meine Stärke ist mein Schutz.

Cap. 139 (Variante zu Cap. 123)
In das Haus eingetreten

Getrennt die beiden Streitenden,
Beendet den Kampf,
Ergriffen den Fisch:
Ich führte aus, was befohlen.
Die Nacht im Innern des Auges verbracht,
Ohne alles Unheil,
Ich komme, um gesehen zu werden.

Cap. 140
Das Auge füllen

Mächtig aufgehend im Horizont,
Über dem Duft des Taus,
Freude und Jubel im Innern des Schreins,
Die Majestät gebietet, das Auge ruht,
Erfüllt und zufrieden.
Lob sei dir, Preis über dich.
Die Barke fährt, jubelnd die Fahrenden.
Lob sei dir, Preis über dich.
Aufgeweckt sind die Müden.
Lob und Preis sei dir.
Fülle das Auge mit Lapislazuli und Gold.

Cap. 141
Am neunten Neumondtag zu rezitieren

Für dich, für euch,
Für euch, täglich Wiedererstandne, für dich, Sonne,
Für dich, Falke,
Für euch, Luft, Feuer und Himmelsgewölbe,
Für euch, Mütterliche und Schwesterliche,
Für euch, die sieben Kühe und den Stier,
Für euch, ihr vier Steuerruder des Himmels,
Für euch, ihr Beschützenden,
Für euch, ihr Schreine,
Für dich, Barke der Nacht, und dich, Barke des Tags,
Für dich, Schreibender,
Für euch, ihr Südlichen, Nördlichen, Westlichen, Östlichen,
Für euch, ihr Knienden,
Für euch, ihr Hügel,
Für dich, du Horizont,
Für euch, ihr Gefilde, ihr Gebäude, ihr Throne,
Für euch, ihr südlichen, nördlichen, westlichen, östlichen Wege,
Für euch, ihr Tore und Türen,
Für euch, ihr Hütenden der Pforten,
Für euch, ihr verborgenen Gesichter,
Für euch, ihr Wächterinnen und Wächter der Wüste,
    Schreie ausstoßend,
Für euch, ihr Töchter und Söhne der Öde,
    Ein freundlich Gesicht zeigend,
Für euch, ihr Öffnenden,
    Feuer und Flamme des Westens auslöschend,
Für euch alle, hier meine Gabe.

Cap. 142
Hinausgehen in jeder Gestalt, findend, suchend

Ich bin hinausgegangen,
Nah und weit mein Gang.
Suchend oder findend, findend oder suchend
Samen, Namen, Worte, Orte:
Fluorit, Turmalin
Tigerauge, Rubin, Lapislazuli,
Porphyr, ja Porphyr,
Septarie und Rhodonit
Amethyst und ...
Felsenbirne, Buchsbaum,
Zierquitte, Eibisch,
Stechpalme neben japanischer Blütenkirsche,
Perückenstrauch, gemeine Eberesche,
Schneeball, Efeu, Weigelie,
Chinesisch Schilf, ein Apfelbaum,
Zartrosa die Strauchrose,
Eibe und später der Ginkgobaum,
Abgestorben die Bergkiefer,
Verdorrt die Kätzchenweide und wieder auferstanden,
Johannisbeere, Quittenbaum, Flieder,
Scheinzypresse, Robinie,
Hochgewachsen der Wachholder,
Im wogenden Bambus das Elsternest,
Buchfink, Amsel, Meise, einmal nur ein Wiedehopf,
Sperling, Ringeltaube, das Rabenpaar,
Töne der Nähe, der vergangenen Ferne,
Welten der Städte, der Wüsten, der Meere, der Höhlen,
Ausblicke und Einblicke,
Worte, Worte und immer wieder Worte,
Seiendes, Traum oder Wunsch, Namenloses,
Verschwundenes, Versorgtes, Verborgenes,
Gräber, immer wieder Gräber.
Was bleibt? Erinnerung, Erinnertes, in dir, in mir.

Cap. 143
Wennefer – Ecce homo

Aus einem
Blumenkelch der
Scheide bin ich
Entgangen
Um im Sichelbett
Des Mondes zu
Verenden
Welt bin ich
Sicherlich
Such ich
Gold
So ist es mein
Stein des Weisen

Cap. 144
Die sieben Tore

Der Hüter des ersten Tores,
Mit dem Gesicht nach unten, vielgestaltig, gewaltig.
‹Der Verhörende› wachsam neben ihm,
‹Der mit klagender Stimme› kündigt den Namen an.
Der Hüter des zweiten Tores,
Mit vorgestreckter Stirne.
‹Mit zu meidendem Gesicht› wachsam neben ihm,
‹Der Brennende› kündigt den Namen an.
Der Hüter des dritten Tores,
Verfaultes aus dem Hinterteil fressend.
‹Der mit wachsamem Gesicht› neben ihm,
‹Der Schmähende› kündigt den Namen an.
Der Hüter des vierten Tores,
Das Gesicht abwehrend, viele Worte verlierend.
‹Der mit wachsamem Herz› neben ihm,
‹Der mit dem großen Gesicht› kündigt den Namen an.
Der Hüter des fünften Tores,
Von den Würmern lebend.
‹Der Feurige› wachsam neben ihm,
‹Der rasende Nilpferdgesichtige› kündigt den Namen an.
Der Hüter des sechsten Tores,
Das Brot ergreifend, mit wehender Stimme.
‹Der mit holendem Gesicht› wachsam neben ihm,
‹Der mit scharfem Gesicht› kündigt den Namen an.
Der Hüter des siebenten Tores,
Alles niedermetzelnd.
‹Der mit lauter Stimme› wachsam neben ihm,
‹Der die Angreifer abwehrt› kündigt den Namen an.
Ihr sieben Tore und ihr, die ihr hütet, bewacht und ankündigt,
Ich kenne eure Namen.
Möge ich den Himmel überqueren, in der Barke fahren,
Möge ich an den Toren nicht abgewehrt werden.

Cap. 145
Eintreten bei den einundzwanzig geheimen Toren im
Binsengefilde

Gib mir den Weg frei.
Ich kenne dich, ich kenne deinen Namen,
Ich kenne den Namen dessen, der dich bewacht.
‹Herrin des Zitterns, mit hohen Zinnen,
Oberste, Herrin des Niedertretens, Verkünderin der Rede,
Das Unwetter abwehrend und Beraubte rettend›
Ist dein Name. Der Pförtner heißt ‹Schrecklicher›.
Ich bin gereinigt, gesalbt mit Zedernöl,
Gekleidet in feines Linnen,
Den Stab in der Hand.
«So zieh dahin, du bist rein.»
Gib mir den Weg frei, ich kenne deinen Namen,
Ich kenne den Namen dessen, der dich bewacht.
‹Herrin des Himmels, Gebieterin, Schreiende›
Ist dein Name. Der Pförtner heißt ‹Kind des Werkers›.
Ich bin gereinigt, gesalbt mit duftigem Öl,
Gekleidet in feines Linnen,
Den Stab in der Hand.
«So zieh dahin, du bist rein.»
Gib mir den Weg frei, ich kenne deinen Namen,
Ich kenne den Namen dessen, der dich bewacht.
‹Herrin der vielen Spenden, Herrin, die den Dortigen gibt›
Ist dein Name. Der Pförtner heißt ‹Heller›.
Ich bin gereinigt, gesalbt mit libyschem Öl,
Gekleidet in feines Linnen,
Den Stab in der Hand.
«So zieh dahin, du bist rein.»
Gib mir den Weg frei, ich kenne deinen Namen,
Ich kenne den Namen dessen, der dich bewacht.
‹Machtvoll durch Messer, Gebieterin,
Die Feinde des Herzensmatten schädigend›
Ist dein Name. Der Pförtner heißt ‹Bulle›.

Ich bin gereinigt, gesalbt mit pelusischem Wein,
Gekleidet in feines Linnen,
Den Stab in der Hand.
«So zieh dahin, du bist rein.»
Gib mir den Weg frei, ich kenne deinen Namen,
Ich kenne den Namen dessen, der dich bewacht.
‹Schützende, Fröhliche, Feurige,
Zu der niemand mit kahlem Kopf eintritt›
Ist dein Name. Der Pförtner heißt ‹Der Widersacher vertreibt›.
Ich bin gereinigt, gesalbt mit Ladanum,
Gekleidet in feines Linnen,
Den Stab in der Hand.
«So zieh dahin, du bist rein.»
Gib mir den Weg frei, ich kenne deinen Namen,
Ich kenne den Namen dessen, der dich bewacht.
‹Herrin, deren Höhe noch unbekannter ist als die Breite,
Deren Wesen niemand ausmachen kann,
Von deren Schlangen die Zahl unbekannt›
Ist dein Name. Der Pförtner heißt ‹Spießgeselle›.
Ich bin gereinigt, gesalbt mit kernigem Öl,
Gekleidet in feines Linnen,
Den Stab in der Hand.
«So zieh dahin, du bist rein.»
Gib mir den Weg frei, ich kenne deinen Namen,
Ich kenne den Namen dessen, der dich bewacht.
‹Regenwolke, die Müden verhüllend,
Trauernde, die den Körper bedecken möchte›
Ist dein Name. Der Pförtner heißt ‹Bewohner der Höhle›.
Ich bin gereinigt, gesalbt mit Hekenu-Öl,
Den Stab in der Hand.
«So zieh dahin, du bist rein.»
Gib mir den Weg frei, ich kenne deinen Namen,
Ich kenne den Namen dessen, der dich bewacht.
‹Die mit brennenden Flammen, nicht löschend das Brennende,
Die mit scharfem Messer und schneller Hand›
Ist dein Name. Der Pförtner heißt ‹Der sich Beschützende›.
Ich bin gereinigt, gesalbt mit Myrrhe,

Den Stab in der Hand.
«So zieh dahin, du bist rein.»
Gib mir den Weg frei, ich kenne deinen Namen,
Ich kenne den Namen dessen, der dich bewacht.
‹Die an der Spitze, Herrin von Stärke,
Unermesslich der Umfang, die Müden bekleidend›
Ist dein Name. Der Pförtner heißt ‹Wütender›.
Ich bin gereinigt, gesalbt mit lindernd Balsam,
Den Stab in der Hand.
«So zieh dahin, du bist rein.»
Gib mir den Weg frei, ich kenne deinen Namen,
Ich kenne den Namen dessen, der dich bewacht.
‹Die mit hohen Türflügeln, mit aufweckendem Gebrüll,
Mit anschwellendem Gesicht›
Ist dein Name. Der Pförtner heißt ‹Großer Umarmender›.
Ich bin gereinigt, gesalbt mit rotem Öl,
Gekleidet in roten Stoff,
Den Stab in der Hand.
«So zieh dahin, du bist rein.»
Gib mir den Weg frei, ich kenne deinen Namen,
Ich kenne den Namen dessen, der dich bewacht.
‹Zerschneidende, Widersacher in Flammen setzend,
Gebieterin aller Tore, Umjubelte›
Ist dein Name. Der Pförtner heißt ‹Der die Müden Verhüllende›.
«So zieh dahin, du bist rein.»
Gib mir den Weg frei, ich kenne deinen Namen,
Ich kenne den Namen dessen, der dich bewacht.
‹Die den Ländern Zurufende, die Länder Durchziehende
Zerhackend, wer am Morgen kommt›
Ist dein Name. Dein Pförtner heißt ‹Der Verhüllende›.
«So zieh dahin, du bist rein.»
Gib mir den Weg frei, ich kenne deinen Namen,
Ich kenne den Namen dessen, der dich bewacht.
‹Zu deren Gesicht die Hände gestreckt werden,
Den Fluss Erleuchtende›
Ist dein Name. Der Pförtner heißt ‹Der Bekleidende›.
«So zieh dahin, du bist rein.»

Gib mir den Weg frei, ich kenne deinen Namen,
Ich kenne den Namen dessen, der dich bewacht.
‹Herrin des Zorns, auf dem Blut tanzend›
Ist dein Name. Der Pförtner heißt ‹Der Einkleidende›.
«So zieh dahin, du bist rein.»
Gib mir den Weg frei, ich kenne deinen Namen,
Ich kenne den Namen dessen, der dich bewacht.
‹Die mit großer Macht, mit roten Haarsträhnen,
Die in der Nacht Ausziehende›
Ist dein Name. Der Pförtner heißt ‹Der Einhüllende›.
«So zieh dahin, du bist rein.»
Gib mir den Weg frei, ich kenne deinen Namen,
Ich kenne den Namen dessen, der dich bewacht.
‹Herrin des Schreckens, mit schnellem Arm,
Erschafferin des Geheimnisses der Erde›
Ist dein Name. Der Pförtner heißt ‹Der Bekleider›.
«So zieh dahin, du bist rein.»
Gib mir den Weg frei, ich kenne deinen Namen,
Ich kenne den Namen dessen, der dich bewacht.
‹Herrin der Röte, die blutig bestraft,
Fallenstellerin, machtvolle Herrin des Dörrens›
Ist dein Name. Der Pförtner heißt ‹Bekleider›.
«So zieh dahin, du bist rein.»
Gib mir den Weg frei, ich kenne deinen Namen,
Ich kenne den Namen dessen, der dich bewacht.
‹Die die Hitze liebt, die Reine, der die Leoparden gehorchen,
Die Köpfe abschneidend, Herrin des Palastes›
Ist dein Name. Der Pförtner heißt ‹Der mit den Kleidern›.
«So zieh dahin, du bist rein.»
Gib mir den Weg frei, ich kenne deinen Namen,
Ich kenne den Namen dessen, der dich bewacht.
‹Die den Morgen verkündet, Erhitzte, Grab der Großen›
Ist dein Name. Der Pförtner heißt ‹Kleidender›.
«So zieh dahin, du bist rein.»
Gib mir den Weg frei, ich kenne deinen Namen,
Ich kenne den Namen dessen, der dich bewacht.
‹Die im Innern der Höhle ist,

Die das Verborgene verhüllt, das sie verborgen,
Die Herzen raubend›
Ist dein Name. Der Pförtner heißt ‹Der, der verhüllt›.
«So zieh dahin, du bist rein.»
Gib mir den Weg frei, ich kenne deinen Namen,
Ich kenne den Namen dessen, der dich bewacht.
‹Die das scharfe Messer wetzt,
Mit enthülltem Gesicht sprechend, die Unumstürzbare›
Ist dein Name. Der Pförtner heißt ‹Spitzmaus›
Oder doch ‹Giraffe›?
Er ist entstanden, ehe die Zeder wuchs,
Ehe die Akazie geboren, ehe Metall im Bergland gefunden.
Ihr Sieben seid versammelt hinter dem letzten Tor,
Ihr heißt: ‹Zwerg›, ‹Hacker›, ‹Heiler Mund›, ‹Wegöffner›,
‹Kühler›, ‹Verschwiegner› und ‹Totengeleiter›.
Gibt mir den Weg frei, ich bin ich –
Ich komme, damit ich alle die Feinde zu Fall bringe.
Ich komme aus dem südlichen Himmel,
Ich komme als Schreiber –
Und betrete das Haus.

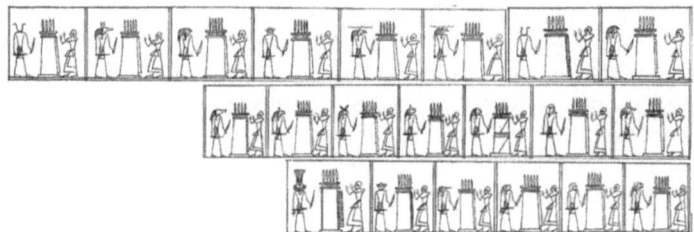

Cap. 146
Die fünfzehn Tore des Hauses im Binsengefilde

Gestützt auf meinen Stab,
Herausgegangen,
Gebracht, was mir aufgetragen,
Den Weg erschlossen,
Die Leiden gelindert.
Ich bin es.
Ich komme am Tag des Festes.
Heute komme ich an das Tor des Jenseits.
‹Verborgener›, gib mir den Weg frei.
Ich komme an das zweite Tor.
‹Die mit ihren Bäuchen›, gebt mir den Weg frei.
Heute komme ich an das Tor des Westens.
‹Weißzahn›, gib mir den Weg frei.
Heute komme ich an das Tor der untergehenden Sonne.
‹Herren der bereiteten Tische›, gebt mir den Weg frei.
Heute komme ich an das Tor der Höhe.
‹Herren der Ewigkeit›, gebt mir den Weg frei.
Heute komme ich an das Tor des Glanzes.
‹Bewohner des Berges›, gebt mir den Weg frei.
Heute komme ich an das Tor des Jauchzens.
‹Umstürzender›, gib mir den Weg frei.
Heute komme ich an das Tor des Skorpions.
‹Der seinen Willen tut›, gib mir den Weg frei.
Heute komme ich an das Tor der Flammenumarmer.
‹Abgewendete›, gebt mir den Weg frei.
Heute komme ich an das Tor des Feuers.
‹Kind der Dunkelheit›, gib mir den Weg frei.
Heute komme ich an das Tor des Zauberers.
‹Gewalttätiger Widersacher›, gib mir den Weg frei.
Heute komme ich an das Tor des Schweigens.
‹Zugvogel›, gib mir den Weg frei.
Heute komme ich an das dreizehnte Tor.
‹Vielgesichtiger›, gib mir den Weg frei.

Heute komme ich an das Tor des Hintersichschauers.
‹Aus der verschlossenen Grube›, gib mir den Weg frei.
Ich komme an das letzte Tor.
‹Weitausschreitender›, gib mir den Weg frei.
Ich wasche mein Gesicht –
Und betrete – rein – das Haus.

Cap. 147
Vor dem ersten Tor

Entzündet habe ich mein Licht,
Vereinigt die Knochen, zusammengefügt die Glieder.
Ich bin zu dir gekommen,
Ich bin rein durch dich,
Mein Name ist festgehalten.
Sei gegrüßt.
«Erhebe dich,
Mögest du stark sein.»
Mögest du über mich sagen:
‹Würdiger ist er als ich›.
Nicht abgewehrt werde ich von den Mauern.

Cap. 148
Die sieben Kühe und der Stier

Du, in der Sonnenscheibe erstrahlend,
Lebendig, aus dem Horizont hervorgehend.
Ich kenne dich und kenne deinen Namen.
Ich kenne den Namen der sieben Kühe und des Stieres.
Möget ihr mir Brot und Bier spenden.
Du, Allherrin,
Du, Sturmwolke,
Du, Dauerhafte,
Du, Lebensvereinte,
Du, Verhüllte,
Du, Rothaarige,
Du, Kunstmächtige,
Und du, Gatte der Kühe,
Möget ihr mir Brot und Bier spenden, Fische und Geflügel,
Nahrung und Verklärung,
Leben und Gesundheit.
Möget ihr mir den Himmel und die Erde zuweisen,
Den Horizont und die untere Welt.

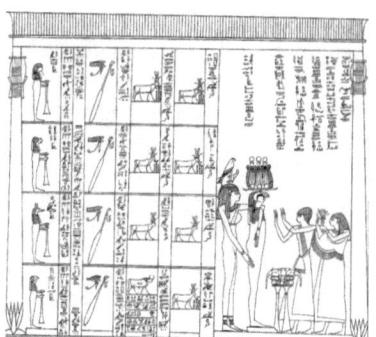

Cap. 149
Die vierzehn Hügel

Grüner Hügel des Westens,
In welchem gelebt wird von Gebackenem und bestem Kraut.
Nehmt eure Kopftücher ab.
Meine Knochen mögen zusammengefügt werden,
Meine Glieder gefestigt.
Ich bin beim zweiten Hügel angemeldet,
Unermüdlich rudernd in der Barke.
Ich kenne jene Sykomore und kenne das Binsengefilde.
Der Emmer ist hochgewachsen.
Über den dritten Hügel kann nicht gefahren werden,
Es ist der Ort der Ruhe.
Ihr, mit abgewandtem Gesicht, bahnt den Weg,
Reinigt den Boden.
Auf den vierten Hügel, hoch wie ein Berg,
Lässt sich der Himmel nieder, sich ausruhend.
Ich bin es, in sich vereinigt,
Meine beiden Augen sind mir gegeben, damit ich sehe.
Ich habe dich angegriffen, deine Stärke mitgenommen.
Kein Vorbeigehen beim fünften Hügel,
Dem Ort der Verklärten.
Öffnet mir eure Wege,
Ich will vorbeigehen, zum Westen dahingehen.
Dies ist mir anbefohlen.
Sechster Hügel, jenes Totenreich,
Geheimnisvoll und unzugänglich.
Ich bin gekommen, um die zu schauen, die hier sind.
Deckt eure Gesichter auf.
Siebenter Hügel, Stätte der Schlange,
‹Du sollst geben› ihr Name,
Die Zähne zerbrochen, das Gift schwach.
In der Flut der achte Hügel,
Ungebändigtes Wasser, das Rauschen ist laut.
Ich bin jener Reiher, der über die Gewässer fliegt.

Lauernd der neunte Hügel, packend, was er kann.
In der Luft ist Feuer, die Nase zersetzend.
Sei gegrüßt, ich komme zu dir.
Öffne die Türflügel, ich will atmen.
Bewohner des zehnten Hügels, zu Boden,
Legt euch auf euren Bauch.
Angenehm sei euer Gestank, damit ich fortschreiten kann.
Niemand soll sich meines Schattens bemächtigen.
Kein Eindringen und Entkommen beim elften Hügel,
Ort der Furcht, Ort des Schreckens.
Meine Füße gehören mir, lass mich vorbeiziehen.
Ich fliege auf als Falke, als Gans schnattere ich.
Im Gluthauch der zwölfte Hügel,
Stätte der Stunde, Stätte meiner Stunde.
Ich bin ein unvergänglicher Stern,
Der Name wird nicht vergehen.
Hier ist das Wasser Feuer, die Brandung Brand,
Hier beim dreizehnten Hügel.
Nicht trinkbar die lodernd Flamme,
Nicht löschen lässt sich der Durst.
Sei gegrüßt,
Mögen die Felder überschwemmt werden,
Möge Gemüse wachsen.
Auf dir, vierzehntem Hügel,
Über dem Flutwasser erhoben,
Warten auf mich Korn, Speise und Nahrung.
Die Schlange bäumt sich auf und bringt mir Wasser.

Cap. 150
Letzte Landschaften

Binsengefilde, von der Sonne geblendet,
Feuerberg, wie zu Mittag bereitet der Tisch,
Im Hochgebirge, tanzend die Verklärten,
Reich der Toten, der Fische Fall.
Dort ein Hügel, den Himmel stützend,
Im Erdreich grabend, Gewalttätiger,
Hier der Fluss, wie Feuer brennend,
Im Westen, Speis und Trank.

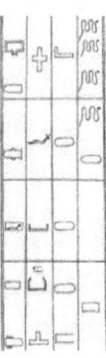

Cap. 151
Den Kopf nicht verlieren

Und der Schakal spricht:
«Sei gegrüßt, Schöngesicht, schauender Lichtstrahl,
Dein linkes Auge ist die Nachtbarke,
Dein rechtes Auge ist die Tagesbarke,
Leuchtend deine Augenbrauen.
Hier ist dein Scheitel,
Hier ist dein Hinterkopf,
Hier sind deine Finger,
Hier die Haarlocke.
Ich stehe vor dir, durch mich siehst du.
Ich habe meine Arme auf dich gelegt.
Du wirfst die Feinde unter deine Füße,
Du trittst den Weg an.»
Die Mütterliche spricht:
«Als Wind komme ich daher,
Ich bin gekommen, um dich zu schützen.
Den Nordwind, ich trage den Wind an deine Nase.»
Die Schützende spricht:
«Erwache, rede, betrete den Sand,
Ich schütze dich,
Dein Rufen ist erhört, erhebe dich,
Dein Kopf kann dir nicht genommen werden.»
Aus der Ferne eine Stimme:
«Komme nicht, um zu zausen,
Komme nicht, um zu schubsen.
Ich werde dich zausen,
Ich werde dich schubsen.
Ich fange den Sand ab,
Ich leite die Wege um.»

Cap. 152
Ein Haus errichten, in der Erde verankert

Juble, Erde.
Ich beeile mich über deinen Leib hinweg.
Väter, Kinder, lobpreiset,
Sehend, dass das Ungemach schwindet.
Mir wird zugerufen:
«Baue ein Haus, verankert in der Erde.
Sein Fundament sei dort, die Umfriedung bestimmt.
Der Schreiber sorge für den Plan.»
«Eilt, besehet den Bau des Hauses.
Der Erbauer ist ein Neuling unter uns.»
Kleinvieh wird ihm gebracht vom Südwind,
Gerste wird ihm gebracht vom Nordwind,
Emmer wird gebracht, den die Erde gereift.
Ich wende mich auf die linke Seite,
Ich wende mich auf die rechte Seite.
Mögen alle, mit Lobpreis und Gesang, ihre Zeit verbringen.
Juble, Erde.

Cap. 153
Aus dem Netz entkommen

Zögernde, Fallensteller,
Fischer, Kinder und Väter,
Wisst ihr, dass ich den Namen jenes großen Netzes kenne?
‹Das Umfassende› ist sein Name.
Wisst ihr, dass ich den Namen der Stricke kenne?
Das sind ‹die Sehnen der Mütterlichen›.
Wisst ihr, dass ich den Namen des Spannpflocks kenne?
Das ist ‹das Bein des Urgrunds›.
Wisst ihr, dass ich den Namen der Astgabel kenne?
Das ist ‹der Finger des Löwenköpfigen›.
Wisst ihr, dass ich den Namen der Schwimmer kenne?
Das sind ‹die Federn des Falken›.
‹Der Große› wird mich nicht fressen, nicht verschlingen,
Ich bin ‹der Ewige›, aus dem Urgewässer hervorgegangen.
Mir ist Leben gegeben, Licht im Osten,
Zum Himmel bin ich gelangt,
Eingenommen habe ich meinen Platz.

Cap. 154
Nicht vergehen

Der Körper soll nicht vergehen,
Mein Atem ist kräftig,
Nicht kann ich zugrunde gehen.
Ich verfaule nicht, löse mich nicht auf,
Ich stinke nicht, zerfalle nicht,
Nicht verwandle ich mich in Würmer.
Ich verwese nicht, schwelle nicht auf,
Ich schwinde nicht dahin,
Ich bestehe fort, bestehe fort.
Ich bleibe am Leben, bleibe am Leben,
Ich bleibe fest, bleibe fest,
In Frieden bin ich erwacht.
Ich bin nicht aufgeschwollen,
Ich bin nicht verletzt worden, das Auge nicht geschwollen,
Nicht beschädigt ist der Schädel, meine Ohren nicht taub.
Der Kopf hat sich nicht vom Hals getrennt,
Meine Zunge wurde nicht abgeschnitten, mein Haar geschoren,
Die Brauen sind nicht kahl.
Mein Körper besteht, er geht nicht zugrunde.

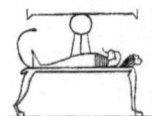

Cap. 155
Worte für ein Amulett

Richte dich auf,
Herzensmatte, dein Rücken gehört dir,
Herzensmatte, deine Wirbel gehören dir,
Lege dich auf deine Seite,
Ich will dir Wasser geben.
Ich habe dir das goldene Amulett gebracht,
Mögest du jubeln.

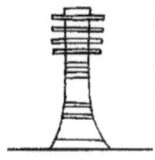

Cap. 156
Worte für ein Amulett aus rotem Jaspis

Dir gehört dein Blut,
Dir gehört die Macht,
Auch dir der Zauber.
Das Amulett sei dein Schutz,
Es behüte dich.

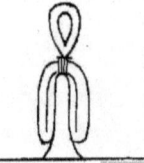

Cap. 157
Worte für den goldenen Geier

Er kommt,
Er durchzieht die Städte, durchkämmt die versteckten Wohnsitze,
Als jener aus des Schilfes Dickicht heraustritt.
Erweckt ist seine Schläfe,
Geleit ihm gegeben.
Für seinen Schutz sei gesorgt.

Cap. 158
Worte für einen Halskragen

Isis! Osiris!
Entbindet mich, schaut mich an,
Ein Horus bin ich!

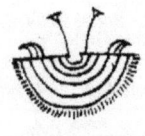

Cap. 159
Worte für ein Papyrusblatt

Aus dem Hause tretend,
Sei empfangen,
Einmal dort,
Einmal hier.

Cap. 160
Das Papyrus-Amulett

Ich bin ein Papyrus-Stängel aus grünem Feldspat,
Ohne Kette,
Von der Hand des Schreibers gehalten,
Schaden ist mein Abscheu.
Ist es unversehrt, unversehrt bin ich auch,
Wird es nicht zerschlagen, nicht zerschlagen werde ich auch.
«Willkommen in Frieden.»
Schreiber, wie schief schaust du aus gemaltem Auge
In meine Augen, wenn ich schreibe,
Formend umformend,
Jung und jung geblieben.
Von hinten lächelt der Schakal mir zu.

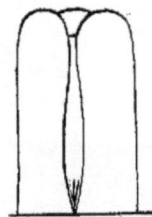

Cap. 161
Eine Öffnung in den Himmel reißen, vom Schreiber für
Wennefer verfertiget, als er die Sonnenscheibe aufgeschlossen

Es lebe die Sonne, die Schildkröte stirbt,
Vereint mit der Erde,
Vereint sind die Knochen.
Es lebe die Sonne, die Schildkröte stirbt,
Wohlbehalten im Sarg,
Wohlbehalten, wer im Sarg ist.
Es lebe die Sonne, die Schildkröte stirbt,
Erlahmt der Leib,
Erwacht ist das Wort.
Es lebe die Sonne, die Schildkröte stirbt,
Ausgebreitet die Knochen
In der vier Winde leisen Gesang.

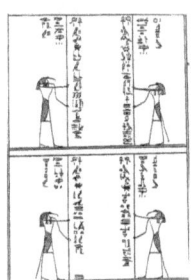

Cap. 162
Eine Flamme unter dem Kopf

Kräftiger Löwe mit hohem Federpaar,
Mit der Geißel versehen,
Aufgerichtet der Stab, Leuchtender,
Lautstark dein Gebrüll, Läufer mit schnellem Schritt,
Du kommst zu denen, die dich rufen.
Komm ob meiner Stimme,
Ich bin die Himmelskuh.
Dein Name ist in meinem Mund, ich werde ihn –
Aussprechen.
Ich bin die Himmelskuh,
Höre meine Stimme an diesem Tag.
Lege eine Flamme unter meinen Kopf,
Lasse mich leben, weilend auf Erden.
Lasse die Flamme brennen unter meinem Kopf.
Ach,
Komm doch.

Cap. 163
Auf der Felsklippe

Auge, rette,
In der Nacht der Glut, des Feuers, das
Selbst in den Meeren lodert,
Komm zu dir.
Rette, Skarabäus.
Immer wieder diese Wolken,
Das Äußere sich über das Innere stülpend,
Sich verwebend,
Auge, rette.

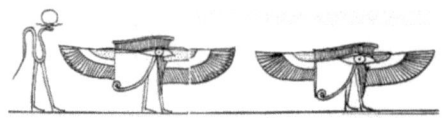

Cap. 164
Am Bug der Barke stehend

Weiterschreibend, am Bug der Barke stehend,
Wenn die Wolken dicht und tief hängen,
Wenn innen alles dumpf und dunkel,
Wenn die Geige so rührend zirpt,
Wenn sich keine Stimme findet und der Weg so lang,
Die Schuhe nicht mehr passen,
Wo will das hin,
Sich die Worte verlieren,
Im Dunkel der Wolken,
Wenn das Innen tief und dicht hängt, weiterschreibend.

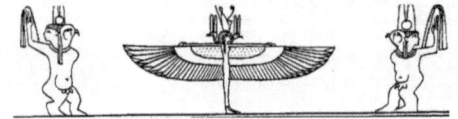

Cap. 165

Ein leichtes Blau am
Himmel, gegen das gelbe
Haus hin, ein Schimmer   Roma, 15 febbraio 2020

Geschrieben zwischen 2016 und 2021.

Textvorlagen und Abbildungen

Textvorlagen

- Hornung Erik (^{2}2000):
  Das Totenbuch der Ägypter. Eingeleitet, übersetzt und
  erläutert von Erik Hornung.
  Düsseldorf / Zürich (Artemis & Winkler)

- Institut der Archäologie und Kulturanthropologie, Abteilung
  für Ägyptologie (ab 2012):
  Das altägyptische Totenbuch. Ein digitales Textzeugenarchiv.
  Bonn (Universität Bonn)
  Online: http://totenbuch.awk.nrw.de

Abbildungen

- Abbildung auf Cover und Titelseite:
  Ausschnitt aus Vignette zu Cap. 125

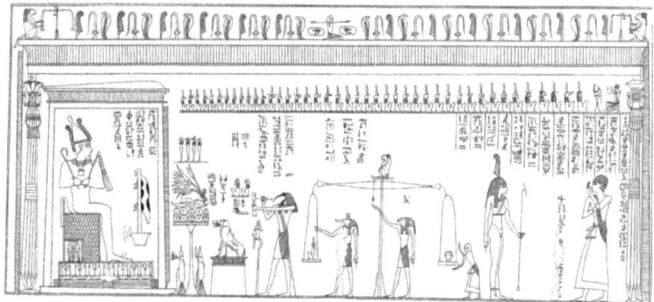

- Abbildungen der Vignetten:

  Lepsius Carl Richard (1842):
  Todtenbuch der Ägypter nach dem hieroglyphischen Papyrus
  in Turin.
  Leipzig (Georg Wigand)

Inhalt

MIX

Papier | Fördert
gute Waldnutzung

FSC® C083411

Zeitfracht Medien GmbH
Ferdinand-Jühlke-Straße 7
99095 Erfurt, Deutschland
produktsicherheit@kolibri360.de